JN327042

BEGIN

もういちど英語を勉強してキャリアに活かそう

実践基礎英文法

内田雅克／Randy Nelms
著

松柏社

この本を手にしたあなたへ

　この本を手にしたあなたは、「英語をやり直そうかな」と考えている方でしょう。理由はいろいろですね。大学や企業に入り、必要に迫られた。留学や海外で働くことを考えた。余暇を利用して語学をマスターしたい。どのような理由であれ、「ようこそ」。この本との出会いから、いっしょに勉強を始めましょう。

　英語を勉強する機会に恵まれなかった。中学・高校・大学であまり英語を勉強しなかった。ほとんど忘れてしまった。どうも苦手でそのまま避けてきた。いろいろな方がいるでしょう。どうぞご心配なく。英語はいくつになってもやり直せますし、新たに始めることができます。あなたに「小さなやる気」さえあれば。

　今は小学生から英語を勉強しているし、小さいうちからでないと身につかないのでは？心配無用です。大人であれば、その知性を使ってより効率的に学習できる部分もあります。その一つが「文法」です。このことばを聞いて、「文法、嫌い」「文法なんかやってるから話せないんでしょ？」そんなことばが聞こえてきます。はたしてそうでしょうか。「ことばのルール」をマスターすることは、言語を習得する上で不可欠ですし、むしろ学習を効率的にしてくれるのです。もちろん文法の勉強に終始していれば「使えません」。大切なのは、「ルールを覚えて使う」というスタン

スです。

　さあ、「英語やり直しの旅」——どうぞあなたもこの列車に乗ってください。努力の向こうに見える車窓には、きっとこれまで見たことのない景色が広がってくるはずです。

■ **この本の特徴**

(1) 自学自習のための「読む」参考書

　この本は、辞書のような「文法参考書」ではありません。分厚い参考書はなかなかすみからすみまで読めません。そこでこの本は説明と例文を通して読んで、自分で復習していくことができるように作られています。先生が説明しているように書かれていますので、授業を受けている感覚で勉強できます。

(2) スキップ

　「ここは大丈夫？」と聞かれる項目があります。自信がなければ復習し、大丈夫なら飛ばしてください（スキップ）。レッスンに関しても同じです。つまり自分の理解度に合わせて進めることができます。

(3) 文法事項の精選

　あれもこれもと細かな文法事項をすべて紹介したり、一つ一つ理由を考えたりはしていません。すべての項目が実際に必要ではなく、知らずに間違えても大丈夫なこともあります。コミュニケーション（具体的には TOEIC® Test など）と英文雑誌や新聞や文献などが読める英文読解力を念頭に、「この程度は知っておきたい」「これだけ知ってい

ればまずは大丈夫」という目標に沿って、文法項目を精選し、説明も簡略化しています。ただし、「わかりやすさ」という名目で、大切なことまで削ってしまっては意味がありません。確実な力を付けるという目標は変わりません。

(4) 文法用語

この本の対象は大人です。そこで文法用語を使った方がわかりやすく、整理しやすいと思われる場合には使用します。しかし、難しいことばをあえて使う必要がなかったり、逆にわかりづらくなったりすると思われる場合には、平易な語句で言い換えています。この本オリジナルの名前も登場します。

(5) 例文500

文法の説明の後に、例文があります。難しい単語や不規則動詞には、（　）で注も付いています。例文を何度も音読して、最終的には［　］内の日本語訳を英語で表現できるようになりましょう。

(6) Exercise

各レッスン末尾のExerciseで、自分の理解を確認してください。

(7) 実用会話表現集

各レッスンごとのShort Conversation（短い会話）が巻末にあります。ここでは各レッスンで学習したルールが実際の会話で使われています。「あ、このように使えるのか！」と実感し、同時に会話練習もしてください。自然な

会話ですので、まだ習っていないことや少し難しい表現もあります。そのレッスンで学んだ文法ルール以外は、理屈を考えずにヒントや訳を参考にしてください。

(8) イラストと記号のヘルプ

みなさんの学習を助けるために、イラストや記号を用いて整理しています。

ここはもう一歩**補足**しておいた方がいい箇所で登場します。

みなさんが**まちがいやすい**ところを注意します。

わかりにくいことばや英語の特徴をやさしく説明します。

基礎的な**復習**です。「大丈夫ですか？」と聞かれますので、不安がある場合は立ち寄ってください。自分の理解度に合わせて進んでください。

しっかりと覚えたい表現の「かたち」を教えます。

Box　　　文法の基本ポイントを図表化して整理をします。

みなさんを応援するウサギのビギンちゃんです。

目 次

Pre-Lesson　ことばの分類 ― 品詞の基本 ……………… 2

Lesson 1　文を作る ― 文型・文の種類 ……………… 5
（1）文の要素　（2）文の型　（3）文の種類
Exercise 1 …………………………………………………… 15

Lesson 2　「いつのことか」を表現する①
　　　　　― 現在・過去・進行形 ………………… 16
（1）現在形　（2）現在進行形　（3）過去・過去進行形
Exercise 2 …………………………………………………… 21

Lesson 3　「いつのことか」を表現する② ― 未来 …… 22
（1）will　（2）shall　（3）be going to　（4）未来進行形
（5）その他の未来を表す表現
Exercise 3 …………………………………………………… 26

Lesson 4　「いつのことか」を表現する③ ― 完了 …… 27
（1）現在完了・現在完了進行形
（2）過去完了・過去完了進行形
（3）未来完了・未来完了進行形
Exercise 4 …………………………………………………… 35

Lesson 5　「している」「される」― 分詞 …………… 36
（1）受動態　（2）分詞の形容詞的用法
（3）感覚動詞と使役動詞

目次　v

Exercise 5 ··· 46

Lesson 6　動詞が名詞・形容詞・副詞に
　　　　　— to 不定詞 ·· 47
　（1）はたらき　（2）動詞としての性質
　（3）疑問詞／動詞とのコンビネーション
　（4）'きまった'表現
　　Exercise 6 ··· 56

Lesson 7　動詞が名詞に — 動名詞 ···························· 57
　（1）はたらき　　　（2）動詞としての性質
　（3）動名詞と to V　（4）'きまった'表現
　　Exercise 7 ··· 67

Lesson 8　「気持ち・判断・考え」をトッピングする
　　　　　— 助動詞 ·· 68
　（1）基本的な性質　　（2）いろいろな助動詞
　（3）助動詞＋完了形　（4）助動詞と同じ意味の表現
　　Exercise 8 ··· 80

Lesson 9　ものの名前 — 名詞 ································· 81
　（1）数えられる名詞　（2）冠詞　（3）数えられない名詞
　　Exercise 9 ··· 87

Lesson 10　名詞の代わり — 代名詞 ···························· 88
　（1）人をさす代名詞　（2）it　（3）self
　（4）いろいろな代名詞
　　Exercise 10 ··· 96

vi

Lesson 11 名詞の前に ― 前置詞 ················· 97
（1）at （2）by （3）for （4）from （5）in （6）to
（7）about （8）on （9）with （10）of
Exercise 11 ·· 107

Lesson 12 修飾する ― 形容詞・副詞 ··············· 108
（1）形容詞 （2）副詞
Exercise 12 ·· 117

Lesson 13 比べる ― 原級・比較級・最上級 ········ 118
（1）原級 （2）比較級 （3）最上級
（4）'きまった'表現
Exercise 13 ·· 126

Lesson 14 語句・文をつなぐ ― 接続詞 ············· 127
（1）並べる （2）前置きする （3）文のなかの文
Exercise 14 ·· 139

Lesson 15 情報をつけたす① ― 関係代名詞 ········ 140
（1）つなぎ役の who/which/that （2），がつくとき
（3）what （4）前置詞がつくとき
（5）その他の関係代名詞 （6）'きまった'表現
Exercise 15 ·· 149

Lesson 16 情報をつけたす② ― 関係副詞 ·········· 150
（1）つなぎ役の where / when / why / how （2）-ever
Exercise 16 ·· 156

Lesson 17 情報をつけたす③ ― 分詞構文 ·········· 157
（1）つなぎ役の分詞 （2）'ズレ'を表す

目次　vii

（3）'きまった'表現
Exercise 17 …………………………………………… 162

Lesson 18　事実ではないことを述べる ― 仮定法 …… 163
（1）現在の事実に反して―仮定法過去
（2）過去の事実に反して―仮定法過去完了
（3）if を意味する語（句)
（4）「事実ではない」ことを表す他の表現
Exercise 18 …………………………………………… 170

Lesson 19　いろいろな否定 ………………………… 171
（1）「～ではない」　　（2）「まったく～ではない」
（3）「～とはかぎらない」（4）「ほとんど～ではない」
Exercise 19 …………………………………………… 175

Lesson 20　いろいろなスタイル
　　　　　　― 倒置・強調・省略・挿入 ……………… 176
（1）入れ替える（2）強調する（3）省く（4）入れる
Exercise 20 …………………………………………… 183

実用会話表現集 ……………………………………… 184

付録　Exercise 解答＆解説 …………………………… 203

BEGIN

もういちど英語を勉強してキャリアに活かそう

実践基礎英文法

Pre-Lesson

各レッスンの例文の理解に必要な基本的な事項を、このプレレッスンで学習します。

◆◇ことばの分類 ― 品詞の基本

ことばはいくつかのグループに分けることができます。レッスンに入る前にどのようなグループがあるのか、そしてその基本的なはたらきを理解しておきましょう。

さて、目に入るものを英語で言ってみましょう。「机」desk、「本」book、「鉛筆」pencil、「勉強する」は study。desk、book、pencil は「物の名前」で、「名詞」というグループに入ります。study は動作を表し、「動詞」というグループに入ります。

---

① be 動詞と一般動詞の区別は大丈夫？

動詞には be 動詞と一般動詞の2種類があります。ここで復習しておきましょう。「be 動詞（be V）」は、＝に近いはたらきをし、主語によって am、are、is と形を変えましたね。その他の have などの動詞を「一般動詞（一般 V）」と呼びます。

I am	we are
you are	you are
he / she / it is	they are

＊I'm, you're, he's のように短縮されます

もう一歩進みましょう。「形容詞」と「副詞」という仲間があります。大切な区別ですので、日本語の例文でまずは確認しましょう。その前に、1つのことばを覚えてくだ

さい。「修飾」です。修飾とは、限定することです。

　たとえば「**とても**背の高い男性が、**ゆっくりと**歩いている」では、「背の高い」のはどんな男性であるのか、「男性」という名詞を限定します。「どれほど」「どのように」を示す「**とても**」「**ゆっくりと**」は、それぞれ「背の高い」「歩いている」を限定します。「背の高い」のように名詞を限定＝修飾するものを「形容詞」、「**とても**」「**ゆっくりと**」のように「背の高い」という形容詞や「歩いている」という動詞を限定＝修飾するものを「副詞」と呼びます。

　その他にも、it「それ」、that「あれ」のように名詞の繰り返しを避けるために使う「代名詞」、on the desk［机の上に］の on のように名詞の前に置いて、「〜の」「〜のなかに」「〜に」といった意味を表す「前置詞」、そして A and B の and ように語と語や、文と文をつなぐ「接続詞」などがあります。これらの〜詞と呼ばれるものをまとめて「品詞」と呼びます。

　品詞に関して、より詳しいことは後のレッスンで勉強します。

Pre-Lesson　ことばの分類

Pre-Lesson

❷ 所有格・目的格は大丈夫?

～が/は (主格)	～の (所有格)	～を (目的格)	～が/は (主格)	～の (所有格)	～を (目的格)
I	my	me	we	our	us
you	your	you	you	your	you
he	his	him			
she	her	her	they	their	them
it	its	it			
	不特定 one's				

○ BOX 1 《基本の前置詞》

at / on / in～　～に　　　　　　of～　～の
for～　～のために　　　　　　 by～　～によって
with～　～といっしょに　　　　to～　～に、～へ

○ BOX 2 《基本の接続詞》

when	とき [時]
before	前に
after	後に
if	ならば [条件]
because	ので [理由]

Lesson 1 文を作る
文型・文の種類

→ Introduction

さてことばの仲間分けが終わりました。このことば一品詞を単語といいます。単語をでたらめに並べても文にはなりません。このレッスンでは、単語の並べ方を理解し、さらにいろいろな文を作れるようになりましょう。

(1) 文の要素

S（主語） V（動詞） O（目的語） C（補語）

- S 名詞/代名詞など
- V 動詞
- O 名詞/代名詞など
- C 名詞/形容詞など

上に4つの箱があります。SVOC というラベルが付いています。文を作る4つの要素です。この箱の並べ方は決まっています。まず、ここでラベルを理解しましょう。

- S（subject）は主語です。「何が・は」「だれが・は」という部分で、ここには名詞 / 代名詞を入れます。
- V（verb）は動詞です。「どうする」「どうした」という部分で、ここには動詞を入れます。
- O（object）は目的語です。目的語とは動詞の対象（目的）になるものです。たとえば「英語を話す」では「何を」の部分にあたる「英語を」が目的語です。

ここには名詞／代名詞が入ります。

- C（complement）は補語です。あるものが「何であるか」、「どんな状態であるか」を示します。たとえば、She is a doctor.［彼女は**医者です**］/ She is busy.［彼女は**忙しい**］の「医者です」・「忙しい」という部分です。is は＝に見立てることができます。＝の右側が補語（C）です。ここには名詞あるいは形容詞などが入ります。実際にはいろいろなものがこの箱に入るのですが、これからのレッスンで一つずつ勉強していきましょう。

副詞、前置詞、接続詞は箱を飾ったり、箱と箱をつなげたりするときに使われ、単独ではこれらの箱の中には入りません。

> 英語の品詞はときどき「変身」します。たとえば動詞が名詞に変身すれば、SやOの箱に入れるのです。

(2) 文の型

（1）で勉強した箱を並べることで、英語の文ができます。その並び方には5つのパターンがあります。**BOX 3** に例文があります。

BOX 3 《SVOC の並べ方》

1　S＋V　　　　　I see.［わかりました］
2　S＋V＋C　　　He is a teacher.［彼は教師です］
3　S＋V＋O　　　He teaches English.
　　　　　　　　［彼は英語を教えています］
4　S＋V＋O＋O　He teaches us English.
　　　　　　　　［彼はわたしたちに英語を教えています］
5　S＋V＋O＋C　The students call him Mr. Uchida.
　　　　　　　　［生徒たちは彼を内田先生と呼びます］

では **BOX 3** のパターンを一つ一つ確認していきましょう。

1 のパターンは、S と V だけです。

1　もう一つの要素 A

　実際の文では、S／V／O／C ともう一つ A という箱が置かれることが多いです。A は副詞のはたらきをします。たとえば I go to school.［わたしは学校に行きます］の to school です。I go だけでは「わたしは行く」となり、「どこに？」という情報が必要になりますね。それが下線部で、A という要素です。

2 は、He＝a teacher です。am や is が＝のはたらきをして、右側に C が来ます。am や is などの be V 以外では、

【#1】　The sky grows dark.［空が**暗くなる**］

と、grow［〜になる］の右側に C が来ます。be V 以外の

Lesson 1　文を作る　　7

このパターンで使われる他の V は **BOX 4** です。

BOX 4 《＝の右側に来る V》

sit / stand / keep / remain［〜のままでいる］、
appear / look / seem［〜のようだ］、feel［感じる］、
smell［におう］、sound［聞こえる］、taste［味がする］

 ３のパターンは、V の後に O が来ます。V にはその後に O を持つ V（「他を動かす」他動詞 v.t.）と持たない V（「自分で動く」自動詞 v.i.）があります。辞書にも（他）v.t.、（自）v.i. などと区別が書かれています。たとえば I have a book.［わたしは本を持っている］の have は、その後ろにすぐ a book という O が来ています。これが他動詞です。でも Boys don't cry.［男の子は泣かない］は、V の cry で終わり、O がありません。これが自動詞です。

ポンと O

日本語で「計画について議論する」を、discuss about the plan という人がいますが、discuss は他動詞ですから、ポンと O、つまり discuss the plan でいいのです。ポンと O を持ってこられるのに、余計なものを入れてしまいそうな V は以下ですよ。marry［〜と結婚する］、attend［〜に出席する］、oppose［〜に反対する］、enter［〜に入る］

同じVでも自動詞・他動詞両方の使い方がある場合もあります。

4は、「～に」「～を」とOが2つあります。すべての他動詞がOを2つ持てるわけではありません。**BOX 5**に代表的なVが入っています。buyならば、「～に、～を」のあとに「買ってあげる」と続けられますね。

BOX 5 《Oを2つ持てる動詞》

buy［買う］、send［送る］、teach［教える］

5にはOとCがあります。him＝Mr. Uchidaですから、＝の右側がCとなります。2のパターンと違って、＝が隠れています。OとCの両方をとるVも限られています。callの他にthink［～だと思う］などがあります。

【#2】　I think it true.

［わたしは**それを本当だ**と思う］

この5つ目のパターンは英語ではとても大切で、これからたくさん登場します。

Lesson 1　文を作る

2 もう一つのパターン「〜がある」

　英語では不特定のもの、たとえば［机の上に本が**ある**］というとき、【#3】There **is** a book on the desk. といいます。be V はうしろの a book に合わせます。先頭の there にはほとんど意味もありません。特定のものの場合には、Mt. Takao is in Tokyo.［高尾山は東京にある］と表現します。

(3) 文の種類

　S V O C という4つあるいは A (→①) を入れると5つの箱が5つのパターンに従って並び、文を作りました。そしてコミュニケーションの中で、文は形を変えていきます。相手に質問したければ「疑問」のかたちに、「〜ではありません」と言いたければ「否定」のかたちにしなければいけません。

❶肯定 / 否定文

　S＋Vの順に並び、事実をありのままに述べる文です。肯定（〜である)と否定（〜ではない）の2種類があります。肯定文は、

　She is an actress.［彼女は女優です］、I like her.［彼女が好きです］となります。

　否定文は、

　She is **not** kind［彼女は親切ではない］. I **don't** like

her.［わたしは彼女を好きではない］

> **❸ 否定文の作り方は大丈夫？**
>
> be V →be V に not をつける。
> 一般 V → V の前に don't / doesn't（3 人称単数）/ didn't（過去）を入れる

> 3 人称単数とはやっかいな言葉ですが、イメージは簡単です。
> I と you が噂している彼女──3 番目に登場する 1 人──のことです。

❷疑問文

何かを尋ねる文を疑問文といいます。疑問文には次の種類があります。

① yes / no 疑問文─「事実」であるかを問う文です。

Are you a singer? Yes, I am.
［あなたは歌手ですか？　はい］
Do you like apples? No, I don't.
［あなたはリンゴが好きですか？　いいえ］

> **④ yes / no 疑問文の作り方は大丈夫？**
>
> be V→be V を S の前に出す
> 一般 V→do, does, did を S の前に置く

②wh 疑問文

what［なに］、when［いつ］、where［どこで］、why［なぜ］、who［だれ］、how［どうやって］といった疑問詞を使った疑問文（疑問詞疑問文）で、具体的な内容を聞きます。What is this?［これは何ですか？］のように。

> **⑤ 疑問詞疑問文の作り方は大丈夫？**
>
> 疑問詞を文の先頭に置き、うしろにふつうの疑問文を作ります。
> 【#4】Where do you live?
> 　　　［あなたはどこに住んでいますか？］
> 疑問詞＝S の場合はうしろに V を持ってきます。
> 【#5】Who teaches English?［だれが英語を教えますか？］
> who も 3 人称扱いです。

③ or 疑問文

どちらかを選ぶときの疑問文です。

【#6】　Do you go to the nearest station by bicycle or bus?

　　　［最寄駅までは自転車**それとも**バスで行ってます

か？]

④確認疑問文

　確認をしたり、念をおしたり、同意を求めたりするときがありますね。そういう場合に、英語では付加疑問文と呼ばれる形を使います。会話では多く登場します。

【#7】　This food is delicious, isn't it?
　　　［この食べ物、おいしいね］
　文が肯定なら否定形の、文が否定なら肯定形の疑問文をつけます。

【#8】　You don't know him, do you?
　　　［彼を知りませんよね］

❸命令文

「～しなさい」と命令・指示を与える文です。ふつう相手に向かって言いますので、Ｓの you は省略され、Ｖの原形（原形Ｖ）が先頭に来ます。

【#9】　Watch your step.［足元に注意しなさい］
【#10】　Be careful!［気をつけて！］
　否定の命令「～するな」は、Ｖの前に Don't や Never をつけます。

【#11】　Never give up!［あきらめないで！］

⑥「原形」って大丈夫？

be V であれば、am、is などに変化する前の be のことです。have であれば、三人称単数の has や過去の had のように変化する前のかたち、have のことです。

❹感嘆（驚き）文

驚いたり、感動したりといった感情を表す文です。how あるいは what を使います。たとえばとても興奮するスポーツの試合を見たら、

【#12】　How exciting!
　　　　［なんて**エキサイティング**なんだ！］
【#13】　What an exciting match!
　　　　［なんて**エキサイティングな試合**なんだ！］

と言います。How の場合はうしろに形容詞か副詞が来ます。【#13】のように、形容詞のうしろに名詞 match がついていたら、What を使います。

Exercise 1

1 ( ) に S、V、O、C をあてはめ、文の意味を考えましょう。

(1) He (　) runs (　) fast. (fast [早く])

(2) I (　) send (　) you (　) a letter (　). (send [送る]、letter [手紙])

(3) They (　) drink (　) beer (　). (drink [飲む]、beer [ビール])

(4) He (　) is (　) very handsome (　). (handsome [ハンサムな])

(5) I (　) think (　) myself (　) a good leader (　). (think [考える]、myself [自分自身]、leader [リーダー])

2 ( ) 内の文に書き換えましょう。

(6) He isn't a teacher. (確認疑問文に)

(7) She likes dogs. (確認疑問文に)

(8) He has <u>a very nice car</u>. (下線部を感嘆文に)

(9) <u>Tom</u> drives a car. (下線部を尋ねる疑問文に)

(10) You have <u>a camera</u>. (下線部を尋ねる疑問文に)

Lesson 1　文を作る

Lesson 2 「いつのことか」を表現する①
現在・過去・進行形

→ **Introduction**

過去　　現在

Ｖには「いつ」のことかという「時」を表す大切な役割があります。このレッスンでは、現在、過去とそれぞれの進行形を取り上げます。

(1) 現在形

Ｖの現在形は原形と同じですが、３人称単数の場合は -(e)s をつけます。現在は「いつものこと」「いつもの状態」を表します。「いつものこと・状態」は次の３つに分かれます。

❶習慣

【#14】 He goes to Tokyo once a month.
　　　［彼は月に１回東京に**行きます**］

> What do you do? と聞かれたら、職業を答えるのがふつうです。
> 「いつもしている」ことだからですね。

16

❷現在の状態

【#15】 She **has** lovely blond hair.
　　　［彼女はきれいな金髪を**している**］

この文の has は、「ずっと続いている状態」を表しています。

❸科学的事実など

【#16】 The earth **goes** around the sun.
　　　［地球は太陽の周りを**回る**］

この文では、現在形は「科学的な事実や真理」を表しています。

また目の前の出来事を表すのに現在形が使われることがあります。Ichiro runs to second base.［イチロー、2塁に走ります］のように。

(2) 現在進行形

現在は「いつもしていること」を表しました。そして「今～していること」―「真っ最中」―を表すのが現在進行形です。

　　　＜かたち 1　進行形＞　**be V ＋ -ing（現在分詞）**

この ing 形は現在分詞と呼ばれます。
今みなさんは、英語を勉強している「真っ最中」です。

【#17】 I am studying English now.

［わたしは今、英語を勉強**している**］

❼ ing 形の作り方は大丈夫？

そのまま ing をつけられない場合があります。
① come → coming　e で終わる語 → e を取る
② stop → stopping　短母音（短く発音するアイウエオ）を強く読む語 → その後の子音字（母音以外）を重ねる
③ picnic → picnicking　c で終わる語 → k を加える
④ lie → lying　ie で終わる語 → ie を y にする

3 「状態」と「動作」

　英語では、「状態」の V か「動作」の V かという区別が重要になります。進行形にするのは「動作」V で、原則的には「状態」V は進行形にしません。×I am liking apples. 状態 V は、感覚（見る・聞く・臭うなど）、心理（愛している・信じている）、状態（属している）などです。「状態」「動作」の両方の意味を持つ動詞もあります。have は「持っている」（状態）ではなく「食べる」（動作）という意味なら、I'm having lunch. とできます。

(3) 過去・過去進行形

❶過去形

　過去は、過去のあるときにしたこと（過去の動作）、また過去のある時期にそうであったということ（過去の状態）を表します。たとえば「昨日」のことです。

【#18】 I **played** tennis yesterday.
（わたしは昨日テニスを**した**）

8 過去形の作り方は大丈夫？

① 原形 V に -ed をつけて作るもの（規則動詞）
help → helped
hope → hoped（e で終わるときは d だけ）
cry → cried（子音字＋ y のときは y を i にかえて）
stop → stopped（短母音＋子音字 1 つのときは子音を重ねて）
picnic → picnicked（c で終わるときは k を加えて）
② 別の形に変化するもの（不規則動詞）
buy   bought
teach   taught
think   thought
feel   felt
keep   kept
mean   meant
sleep   slept
lead   led
build   built
send   sent
spend   spent
find   found
swing   swung
win   won
hear   heard
hold   held
lose   lost
後のレッスンでは過去分詞というものも登場します。不規則

Lesson 2 「いつのことか」を表現する①

な変化でまちがいやすいVには、現在形→過去形→過去分詞の順に形が示されています。

BOX 6　be Vの過去形

am, is → was　　are → were

❷過去進行形

「真っ最中」は過去にもあります。たとえば、

【#19】 I was watching a movie when he came.
　　　　［彼が来たとき、映画を見ていました］

【#19】のように、過去進行形は「過去の動作」と関連して使われます。過去の動作によって真っ最中の動作が一時停止されます。「彼が来たとき」に、「映画を見ていた真っ最中」であったのです。

また過去進行形になるのも動作動詞で、状態動詞は過去進行形にはなりません。

❹ 注意したい進行形の意味

1　The old lion is dying.「死ぬ」が進行形なると［その老いたライオンは死にかけている］という意味になります。
2　She is always complaining. 頻度（回数）を表す語が入ると、［彼女はいつも文句ばかり言っている］と、話し手の感情が入ることが多いです。

Exercise 2

1 次の動詞を（ ）内の形に書き換えましょう。

(1) watch（3人称単数） _____

(2) stop（ing形） _____

(3) lie（ing形） _____

(4) think（過去形） _____

(5) begin（過去形） _____

(6) find（過去形） _____

(7) go（過去形） _____

2 （ ）内のVを現在・過去・進行形のいずれかにしましょう。

(8) The children (play → _____) outside when their mother (come → _____) home.
［母が帰って来たとき、子どもたちは外で遊んでいました］

(9) My wife (study → _____) Spanish at the community center every Tuesday.
［妻は毎週火曜日、地域センターでスペイン語を勉強しています］

(10) Be quiet, please. The baby (sleep → _____) now.
［静かに！赤ちゃんが今寝ているから］

Lesson 3 「いつのことか」を表現する②
未来

→ **Introduction**

過去　　　現在　　　未来

過去、現在、そして進行形の勉強を終えました。では「これから先」のこと、「未来」の表現の勉強に進みましょう。「未来」を表すには、will や be going to の助けをかります。どちらを使っても構わない場合も多いですが、それぞれの特徴的な使い方を勉強しておきましょう。またその他の未来の表現もこのレッスンで学習します。

(1) will

will には次の2つの使い方があります。

❶**自然の時の流れで「そうなること」、**

【#20】 I will be forty next month.
　　　　［来月で40歳に**なります**］
あるいは「推測」
【#21】 He will go. ［彼は行く**だろう**］

❷**その場で決めて行動するとき**

The dog **is** scratching the door.
［ワンちゃんがドアをひっかいて**いる**］

22

【#22】 I'll open it.［ぼくが開け**るよ**］

「ぼくが開けるよ」と、その場で決めているわけです。will は、I'll のように短縮されることが多いです。Will you ～？とすれば、相手に決めてもらうので「～してくれますか？」となります。

【#23】 Will you open the window?
　　　　［窓を開け**てくれますか**？］

(2) shall

will の仲間に shall があります。shall も未来形を作りますが、相手の意志（気持ち）を尋ねるときだけに使います。

【#24】 Shall I open the door?
　　　　［ドアを開け**ましょうか**？］
【#25】 Shall we dance?［踊り**ませんか**？］

(3) be going to

going は go の進行形です。どこかへ向かっているわけです。現在に未来への動き（兆候や意図など）があるということです。たとえば「急に寒くなってきました（兆候）。今夜から雪になりそうです」。そういうときに、

【#26】 It is going to snow.［雪に**なりそうだね**］
といいます。

Lesson 3 「いつのことか」を表現する②

(4) 未来進行形

will のあとに進行形を作ります。

＜かたち2　未来進行形＞ **will ＋ be ＋ -ing（現在分詞）**

この未来表現は「なりゆき」です。

【#27】 I'll be seeing him soon.
　　　　［近いうちに彼に会うこと**になるだろう**］

(5) その他の未来を表す表現

will、be going to 以外でも「未来」を表すことができます。

❶現在進行形

すでに街にはツリーが飾られ、クリスマスソングが聞こえてきます。そんな時は、

【#28】 Christmas is coming!
　　　　［**もうすぐ**クリスマス！］

「未来」というより「真っ最中」に近いのです。

❷現在形

もうすぐ定刻に次の映画が始まるとき、「まず間違いない」ので、

【#29】 The next movie begins at two o'clock.

［次の映画は 2 時に**始まります**］

と、厳密にいえば「未来」のことでも、現在形を使います。さらに、

【#30】 I'll clean the house **before** you **come** home.
［君が帰る前に、家を掃除しておくよ］

ここでも will come ではなく、come になっています。「君が帰る」のは「予測」ではなく「実際に起こること」なので現在形を使っています。「時」を表す when［～するとき］、before［～する前に］、after［～した後に］や「条件」を表す if［～ならば］などの後で起こります。

5 未来を表す他の表現

「すぐに起きるはずのこと」には、be about to、be on the point of のような表現も使えます。

【#31】 The game **is about to** start.
［試合が始まろう**としている**］

BOX 7 未来を表す

will / shall / be going to / will be –ing / be –ing
現在形 → be about to / be on the point of

Lesson 3 「いつのことか」を表現する②

Exercise 3

（　）で状況を把握し、下線部を英語で表現してみましょう。

(1) （居間で）テレビ、つけてくれる？
　　（つける［turn on］）

_____

(2) （法学部で勉強している）わたしの妹は弁護士になるつもりです。　（弁護士［lawyer］）

_____

(3) （寒気がして）熱が出そうだ。
　　（熱が出る［run a fever］）

_____

(4) （スーツケースを選びながら）来月ヨーロッパで休暇を過ごすんです。
　　（休暇を過ごす［vacation］、ヨーロッパで［in Europe］）

_____

(5) （暑そうにしている人に）窓を開けてあげましょうか？

_____

Lesson 4 「いつのことか」を表現する③
完了

→ Introduction

　現在・過去・未来と学習してきました。英語にはこれらの時の間でつながりを持つ表現があります。「幅のある時」のとらえ方と表現をこのレッスンで学習します。

(1) 現在完了・現在完了進行形

　次に2つの日本語文があります。
　①　彼女はロンドンで**働いています**。
　②　彼女はロンドンで5年間**働いています**。

　これらを英語にしてみると、①は She **works** in London. となりますが、②は次のようになります。

　【#32】　She **has worked** in London for five years.

　過去 ➡ 現在

日本語では同じ表現なのに、英語では違いが生じています。①は「いつものこと」—現時点の事実を述べていますが、②は5年前から現在までという一定の期間について述べています。過去から現在につながる時の流れが見えます。これを「完了」と呼んでいます。過去から時が流れ、現時点で止まっているからです。形は、have / has に過去分詞と呼ばれるものをつけます。

Lesson 4 「いつのこと」かを表現する③　27

＜かたち３　現在完了＞ **have / has＋過去分詞**

過去分詞は、Ｖと同様に -ed をつける場合と、不規則に変化する場合があります。begin → begun / drink → drunk / break → broken などがあります。

疑問文は have とＳを入れ替え【#34】、否定文は have / has に not をつけます【#35】。haven't、hasn't と短縮もされます。

「完了」は、この「時の幅」のなかで３つの意味合いを持ちます。

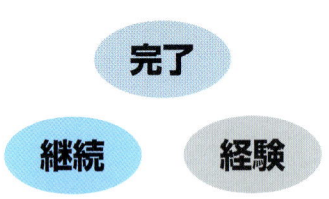

完了

継続　　経験

❶「～してしまった」完了・結果

現在までの動作の完了を表し、さらにその結果として、現在どうなっているかという「含み」があります。たとえば「午後に会議が予定されていた」場合を考えましょう。

【#33】　I **have just finished** lunch.
　　　　　［昼食が**終わりました**］（さあ、会議を始められます）

【#34】　**Have** you **finished** lunch **yet**?

［**もう**昼食は**終わりましたか**？］（会議を始めら
れますか？）

【#35】 I have not finished lunch yet.
［**まだ**昼食を**取っていません**］（会議は始められ
ません）

（　）のように「含み」を表わすことができるのです。

BOX 8 《「完了・結果」でよく使われる副詞》

just［ちょうど］、already［すでに］、recently［最近］、
yet（否定文［まだ］、疑問文［もう］）

❷「〜したことがある」経験

「〜したことがある」というような「経験」は、時の幅
がないと言えません。たとえば「富士山を見たことがあり
ますか？」と聞かれたとき、答える側は生まれてから現在
までの期間のなかで考えますね。そしてこのように答えま
す。

【#36】 I've seen Mt. Fuji several times.
［富士山を何度か見**たことがあります**］

「経験」の否定では、not をつける以外に、have / has
と過去分詞の間に never を入れて作ることもできます。

【#37】 I've never seen Mt. Fuji.
［富士山を見**たことがない**］

I have は、I've のように短縮されることもあります。

「～へ行ったことがある」「～へ行ってきたところだ」というとき、「行く」にひきずられ、go の過去分詞を使って have gone としたくなりますね。しかし、以下のように been を使います。

【#38】 I **have been** to foreign countries.
　　　　［わたしは外国に行っ**たことがある**］
【#39】 I **have been** to the post office.
　　　　［郵便局に行って来**たところです**］
gone を使うと、
【#40】 He **has gone** to England.
　　　　［彼はイギリスに行っ**てしまった**］
となり、彼は今はここにいなくなります。「～へ行ったことがある」「～へ行ってきたところだ」は、「今はここにいる」ので、been を使うわけです。

BOX 9 《「経験」でよく使われる副詞》

before［以前に］、once［1回］、twice［2回］、
～times［～回］、often［よく］、sometimes［ときどき］、
seldom［めったに～しない］、ever［いままでに］、
never［一度も～したことがない］ など

❸「ずっと～している」継続

現在まである状態が**続いている**ことを表します。

【#41】 The baby **has had** a fever for two days.
［赤ちゃんは2日間熱がある］

> **BOX 10《「継続」でよく使われる副詞》**
>
> for［～の間］、since［～以来］

続いている動作の場合には、現在完了進行形を使います。複雑な名前ですが、形は完了と進行形を合体させただけです。

＜かたち4　現在完了進行形＞

現在完了	have / has ＋ 過去分詞
進行形	be V ＋ ing
現在完了進行形	have / has ＋ been ＋ ing

【#42】 She **has been planning** her vacation for about two months.
［彼女は2ヶ月くらい休暇の計画を**立てている**］

> **完了では使われない副詞**
> 完了・結果、経験、継続のいずれも「時の幅」があるからこそ表現できます。そのため ago、just now、when など過去の1点を表すものは現在完了では使えません。

Lesson 4 「いつのこと」かを表現する③　31

(2) 過去完了・過去完了進行形

現在完了では、時の幅は過去から現在まででした。「過去から過去」という時の幅もあります。

過去A　　　　　**過去B**　　　　　**現在**
「行ったことがある」　「思いだした」
「宿題をしていた」　　「電話した」

上のように、過去Aから過去Bの時の幅のなかで、現在完了と同様に「完了・結果」「経験」「継続」を表すのが過去完了です。現在完了との違いは終点だけです。

＜かたち5　過去完了と過去完了進行形＞

過去完了　　　　　had ＋ 過去分詞
過去完了進行形　　had ＋ been ＋ -ing

3つの意味合いを例文で確認しておきましょう。

【#43】 He **hadn't finished** his work when I **called** him.
［わたしが電話したとき、彼は仕事を終え**ていなかった**］

【#44】 I **remembered** the directions, because I **had been** there many times.

［そこには何度も行っ**たことがあった**ので、方向を思い出した］

【#45】 Last year we finally **bought** a house. We **had wanted** one for a long time.

［去年ようやく家を買った。長い間欲しかった］

過去Ｂが過去Ａから伸びる矢印のストッパーになります。動作の継続は過去完了進行形で表します。

【#46】 We **had been talking** about a new product before our boss came.

［上司が来るまで新製品について話を**していた**］

(3) 未来完了・未来完了進行形

過去A　　過去B　　現在　　未来

未来完了は現在から未来までの「時の幅」における「完了・結果」「経験」「継続」を表します。

＜かたち6　未来完了＞　**will('ll)＋have＋過去分詞**

【#47】 In one hundred years, they'**ll have forgotten** about the Walkman.

［100年も経てば、ウォークマンのことを忘れ**てしまっているだろう**］

【#48】 If I go to the Rolling Stones concert this year, I **will have seen** them in concert eight times.

［今年ローリングストーンズのコンサートに行けば、コンサートで彼らに会うのは 8 回目に**なる**］

【#49】 They'**ll have been married** for thirty years next May.

［彼らは今度の 5 月で結婚して 30 年に**なる**］

> 現在完了のときも【#30】と同じことが起こります。
>
> 【#50】 I'm going to Singapore when I have finished my English lessons.
>
> ［英語を勉強したら、シンガポールへ行くつもりです］
>
> 「実際にあること」だから、will have finished ではなく現在完了です。

→ Exercise 4

完了は少しややこしいです。（ ）に適切な語を入れ例文を再確認しましょう。

(1) (　) you (　) lunch (　)?
[もう昼食は終わりましたか？]

(2) I (　) (　) (　) lunch (　).
[まだ昼食を取っていません]

(3) I (　) (　) (　) Mt. Fuji.
[富士山を見たことがない]

(4) I (　) (　) to foreign countries.
[わたしは外国に行ったことがある]

(5) He (　) (　) to England.
[彼はイギリスに行ってしまった]

(6) The baby (　) (　) a fever for two days.
[赤ちゃんは2日間熱がある]

(7) She (　) (　) (　) her vacation for about two months.
[彼女は2ヶ月くらい旅行の計画を立てている]

(8) He (　) (　) his work when I called him.
[わたしが電話したとき、彼は仕事を終えていなかった]

(9) In one hundred years, they (　) (　) (　) about the Walkman.
[100年も経てば、ウォークマンのことを忘れてしまっているだろう]

Lesson 4 「いつのこと」かを表現する③

Lesson 5 「している」「される」
分詞

→ **Introduction**

　進行形では現在分詞（-ing）が、完了では過去分詞が登場しました。このレッスンでは、これらの分詞に注目して3つのはたらきを理解します。「愛する」ではなく「愛される」というような受身の表現、形容詞的な使い方、そして感覚・使役動詞の文でのはたらきを理解します。

(1) 受動態

❶受動態の形

　The guard opened the gate.［ガードマンは門を開けた］。これは「〜が…する」という能動態と呼ばれる文です。この文を the gate を S にして言うこともできます。

　【#50】　The gate **was opened** by the guard.
　　　　　［門はガードマンによって開け**られた**］

　これが受動態と呼ばれる形です。be V と完了で使った過去分詞の組み合わせで、「する」ではなく「される」という意味になります。be V は前のレッスンで学んだ時制によってさまざまに変化しますから、時制ごとに形を整理しておきましょう。

＜かたち 7　いろいろな「時」の受動態＞

1 現在：is / am / are / ＋
2 過去：was / were / ＋
3 未来：will be＋
4 進行形：be＋being＋　　　過去分詞
5 現在完了：have / has＋been＋
6 過去完了：had＋been＋

❷使い方

ではどのようなときに受動態を使うのか、整理しておきましょう。

① 「だれが」が不必要・不明の場合

【#51】 English is spoken in India.
　　　［英語はインドで話**されている**］
　　　（speak → spoke → spoken）
　話すのはインドに住んでいる人に決まってますね。

【#52】 Haneda airport was built in 1931.
　　　［羽田空港は 1931 年に建て**られた**］
　　　（build → built → built）
「いつ建てられた」かが話題です。

② その人・物を中心に置く場合

たとえばアメリカ大統領選の結果を伝えるニュースなら、

【#53】 Barack Obama **was elected** as the 44th president.
　　　　［バラク・オバマが第 44 代大統領に選ば**れた**］
話題の中心はオバマ氏です。

6 注意しておきたい 4 つのこと

⑴　日本語では能動態だが、英語では受動態になる
　これは感情・心理・被害などの V によく見られます。
　be ＋ excited［興奮する］/ worried［心配する］/ injured［けがをする］/ delayed［遅れる］
【#54】 I **was impressed** by his speech.
　　　　［わたしは彼のスピーチに**感動した**］
　英語の impress は、「感動させる」というのが元の意味ですので、「感動させられた」と受動態になって日本語の「感動した」になるわけです。
⑵　いつも by ではない
　受動態というと、「〜によって」だから by と連想しますが、by は「動作性が強い（動きがはっきりしている）ときに使います。たとえば【#50】でガードマンの動きが見えますね。一方、
【#55】 The ground **is covered with** snow.
　　　　［地面は雪**でおおわれている**］
では、「動き」はなく、銀世界という状態が表現されています。
⑶　get ＋過去分詞の受動態
　be V ではなく、get を使った受動態もあります。S の行動が変化をもたらしたときに使います。
【#56】 He **got fired**.［彼は解雇**された**］
⑷　動詞句の受動態
　英語ではいくつかの語が集まって（句）、1 つの V の働きを

します。たとえば「からかう」は英語で make fun of といいます。能動態と受動態の両方を見てみましょう。Her brother made fun of her.［兄は彼女をからかった］を受動態にすると、

【#57】 She **was made fun of** by her brother.
　　　　　［彼女は兄に**からかわれた**］
過去分詞になっても、まとまりの句はそのままです。

(2) 分詞の形容詞的用法

分詞は、be Ｖとコンビを組むだけではなく、単独でも「形容詞」としてはたらきます。

❶名詞を修飾

形容詞的なはたらきですので、名詞を修飾します。

【#58】 The flight attendant comforted the **crying** child.
　　　　　［客室乗務員は**泣いている**子どもをあやした］

【#59】 He discovered the **broken** window.
　　　　　［彼は**壊された**窓を発見した］

進行形で使われた現在分詞は「〜している」、受動態で使われた過去分詞は「〜された」という意味になります。「〜を」という目的語がいらない fall［落ちる］のような自動詞の過去分詞の場合には、動作の結果・完了を表します。

【#60】 **Fallen** snow covered the sidewalks.
　　　　　［**降り積もった**雪が歩道をおおっていた］

「降った」結果、「積もった」のです。【#58】【#59】
【#60】では、修飾する名詞の前に分詞があります。名詞の後ろに来る場合もあります。

【#61】 They discovered the painting drawn by Gogh.
　　　［彼らはゴッホによって**描かれた**絵を発見した］
名詞を説明するのが分詞だけであれば分詞の前に、【#61】のように分詞＋語句（by Gogh）という「おまけつき」の場合は後ろに置きます。前でも後ろでも、説明する名詞と隣り合わせになっています。

❷SVCのCとして
　現在分詞は be V 以外ともコンビを組みます。

【#62】 The popularity of the President keeps falling.
　　　［大統領の人気は落ち**続けている**］
keep＋現在分詞で「～し続けている」となります。その他、go、come、sit、stand などと現在分詞が組むと、「～しに行く」「～してすわっている／立っている」などの意味を表します。

【#63】 Last year he went skiing in Hokkaido.
　　　［去年彼は北海道にスキーを**しに行った**］
go camping［キャンプに行く］、go cycling［サイクリングに行く］などとも言えます。

【#64】 They stood staring at the sunset.
　　　［彼らは日没をじっと見つめ**て立っていた**］

過去分詞も be V 以外とコンビを組みます。

【#65】 She got acquainted with a famous artist.
［彼女は有名なアーティストと**知り合いになった**］

get acquainted で「知り合いになる」となります。become、feel、lie［横たわる］なども過去分詞と組みます。

❸SVOC の C として

SVOC の文の形では、C は O が「何であるか」、「どんな状態か」を述べるものでした。この C のところに、現在分詞や過去分詞が来ます。

【#66】 He kept customers waiting.
［彼は客を**待たせ続けた**］

customers が waiting している状態を keep したわけです。

【#67】 Keep your mouth shut.［口を閉じ**ていなさい**］

今度は your mouth が shut された状態を keep するとなります。shut は原形と同じ形ですが、shut［閉じる］の過去分詞です。

BOX 11《分詞の意味の取り方》

　　　　　現在分詞なら、「O が〜している」
C が　　　　　　　　　　　　　　　状態を V する
　　　　　過去分詞なら、「O が〜される」

Lesson 5 「している」「される」　41

（3）感覚動詞と使役動詞

（2）❸と同じくSVOCの構文のCのところで、分詞が活躍する場面が2つあります。いずれも英語ではよく使われる表現です。

❶感覚動詞

感覚Vとは、**BOX 12**のVです。これらのVは後ろに名詞とCを置いて、SVOCの文を作ります。Cには3種類あります。原形Vなら「～するのを」、現在分詞なら「～しているのを」、過去分詞なら「～されるのを」となります。以下の例文で確認しましょう。

> **BOX 12 《感覚V》**
>
> 見る　see / look at / watch / observe
> 聞く　hear / listen to　　感じる　feel　　気づく　notice

① C＝原形V

【#68】　I saw him run to the bus stop.
　　　　［彼がバス停まで走**るのを見た**］

② C＝現在分詞

【#69】　I felt the ground shaking.
　　　　［地面が揺れてい**るのを感じた**］

③ C＝過去分詞

【#70】　I heard my name called.

［名前が呼ばれ**るのを聞いた**］

①の原形と②の現在分詞の違いは、①は動作の「はじめから終わり」まで、②は「瞬間的に」というニュアンスがあります。現在分詞と過去分詞の意味合いはいつも同じ、「する」と「される」です。

❷使役動詞

もう一つは使役Vと呼ばれるものです。「使役」とは「人に何かをさせること」です。make、have、let、getの4つをしっかりと使いこなせるようにしましょう。

① C＝原形V

【#71】 He made me do the job.

　　　　［彼はわたしにその仕事を**させた**］

【#72】 I'll have him translate this article.

　　　　［彼にこの記事を翻訳**してもらう**つもりです］

【#73】 Let her try again.

　　　　［彼女にもう一度**やらせよう**］

まずはCに原形Vが来るパターンです。makeには「強制して〜させる」、haveには「（指示などをして）〜させる」と「〜してもらう」（2つのどちらかは前後関係から判断します）、letには「（自由に）〜させる」という意味があります。【#73】は「やろうとしている彼女」の気持ちを大切にしている状況です。haveとほぼ同じ意味でgetも使えますが、原形Vのところにto＋原形V［→ Lesson 6］が来ます。

Lesson 5 「している」「される」　43

【#74】 Let's get Mr. white to make some exercises.
　　　［ネルムスさんに練習問題を作って**もらおうよ**］
　get の場合は、「(努力して・説得して) 〜させる、してもらう」というニュアンスです。

② C＝現在分詞
　have と get だけをおさえておきましょう。

【#75】 Our company always has us working overtime.
　　　［うちの会社はいつもわれわれに残業ばかり**させている**］

【#76】 I'll get the baby smiling again.
　　　［もう一度赤ちゃんを笑わ**せましょう**］
　O に「〜している」状態をもたらすという意味です。

③ C＝過去分詞
　make、have、get の 3 つを見ておきましょう。
　make を使えば「O が〜される状態を作る」となります。

【#77】 I made myself understood in English.
　　　［自分自身が英語で理解される状態を作った→自分の英語が通じた（understood＜understand）］
　have と get は、O が「〜される状態」を have または get する、という感覚です。「使役」と「被害」の 2 つの意味があります。

【#78】 I had it repaired.
　　　　［それを直**してもらった**］　　　　→使役
【#79】 I got my fingers caught in the door.
　　　　［指をドアにはさま**れた**］
　　　　（catch → caught → caught）
　　　　　　　　　　　　　　　　　　　　　→被害

7　感覚・使役 V の受動態

【#68】の I saw him run to the bus stop. を受動態にすると、
【#80】 He was seen to run to the bus stop.
　　　　［彼はバス停まで走**るのを見られた**］
と、原形 V の前に to がつきます。使役 V のときも同じですが、使役で受動態になれるのは make だけです。

Lesson 5　「している」「される」

→ Exercise 5

1 日本語の意味になるように、（　）に適切な語を入れましょう。

(1) A new hotel (　　　) (　　　) (　　　).
［新しいホテルが建てられているところです］（建てる [build]）

(2) The story (　　　) (　　　) (　　　) by people for a long time.
［その話は長い間人々に信じられてきた］（信じる [believe]）

(3) We (　　　) (　　　) (　　　) the news.
［わたしたちはその知らせに驚いた］

(4) I (　　　) my computer (　　　).
［わたしはコンピュータを修理してもらった］（修理する [repair]）

(5) This is the hot spring (　　　) by a famous writer.
［これは有名な作家によって発見された温泉です］（発見する [discover]）

(6) We sat (　　　) for a long time.
［長い間すわって話をしていた］

(7) Please keep a light (　　　).
［火を燃やし続けてください］（燃やす [burn]）

(8) I (　　　) the dog (　　　).
［犬が吠えているのが聞こえた］（吠える [bark]）

Lesson 6 動詞が名詞・形容詞・副詞に
to 不定詞

→ Introduction

このレッスンからVの「変身」を勉強します。変身の魔法をかけるのは、to です。動詞に to をつける（以下、to V と表す）と、動詞を名詞、形容詞、副詞に変えることができます。変身すればV以外の箱にも入れますね。そしていろいろな意味を表せます。

(1) はたらき

❶名詞的

master［習得する］に to を付けて、to master にすると、［習得すること］となります。Vが名詞になりましたね。名詞になるとS、O、Cになれます。

【#81】　To master English is difficult.
　　　　　［英語をマスター**すること**はむずかしい］

【#82】　I want to master English.
　　　　　［英語をマスター**すること**を欲する（＝マスターしたい）］

【#83】　My goal is to master English.
　　　　　［わたしの目標は英語をマスター**すること**です］

【#81】では、「〜は」というSになっています。【#82】では「〜することを」とOです。そして【#83】では、＝［is］の右側ですからCになっています。Vに to がつくことで、活躍の場が広がっていきます。

Lesson 6　動詞が名詞・形容詞・副詞に　47

❽ S は「短く」— 形式主語

【#81】のような文は、以下のように it を S にすることがよくあります。

【#84】 It is difficult to master English.

S が長いと「〜である」「〜した」の部分がなかなか出てきません。そこで S を短い it に「形式的」にしてしまうのです。

❷形容詞のように名詞を修飾

【#85】 I want something to eat.

［なにか**食べ物**がほしい］

something という名詞を to eat がより詳しく説明しています。「かわいい犬」の「かわいい」と同じですから、形容詞のようなはたらきをしているわけです。

❸副詞的

さらに「〜するために（目的）」「そして〜（結果）」「〜なので（原因・理由）」なども to を使って表せます。

【#86】 My sister studied English to become a flight attendant. →目的

［わたしの妹はフライトアテンダントになる**ために**英語を勉強した］

【#87】 She grew up to be a professional baseball player. →結果

［彼女は成長**し**、プロ野球選手**になった**］

【#88】 I'm happy to hear that.　　→原因・理由

［わたしはそれを聞い**て**うれしい］

「～するために（目的）」をはっきりさせるために、in order to、so as to とするときもあります。また「そして～（結果）」では、to の前に only がつくと、「残念ながら～した」という残念な結果を意味します。

【#89】 He went skiing only to break his leg.

［彼はスキーに行ったが、足を骨折**してしまった**］

BOX 13《to が表せる意味》

①～すること　　　　　　名詞のように
②～する…［名詞］　　　形容詞のように
③～するために　　　　　目的
④そして～した　　　　　結果
⑤～して、～するとは　　原因・理由

(2) 動詞としての性質

はたらきに続いて、基本的な性質も理解しましょう。to V はもともと V ですから、その性質も備えています。

❶S を持てる

【#90】 It was an honor for him to meet the Prime

Lesson 6　動詞が名詞・形容詞・副詞に　49

　　　　 Minister.
　　　　［首相に会った**のは**彼にとって名誉だった］
　「him が meet した」わけですから、him は meet の S です。このように for をつけて to の前に置きます。この it は【#84】の形式主語です。

❷否定にできる

　to の前に not を置くだけで作れます。
　【#91】 We hurried **not to** be late for our flight.
　　　　［飛行機に遅れ**ないように**急いだ］

❸受動態も作れる

　【#92】 The singer left by the back door **not to be seen** by the reporters.
　　　　［その歌手はレポーターに見**られないように**裏口から出て行った］
と、to の後ろを be ＋過去分詞にすれば受動態になります。

❹完了形がある

　to に have ＋過去分詞を続けると、文の V が表す時よりも前のことを表します。
　【#93】 Those two are rumored **to have been** lovers for years.
　　　　［あの２人は何年も恋人**だったと**噂されている］

「噂されている」のは今ですが、以前から「恋人だった」わけですから、ここに時のズレがあります。

> to V の S は for だけではなく、of のときもあります。
> 【#94】 **It was reckless** of her **to drive during that snow-storm.**
> ［あの吹雪のなかを運転するとは、彼女はむこうみずだ］
> ある行為を通して、「あの人〜だよね」と、その人物の一時的な批評をするときなどです。

(3) 疑問詞 / 動詞とのコンビネーション

to V は疑問詞や特定の V と組んで、いろいろな表現を作ります。

❶疑問詞と組んで

よく使われる表現です。【#95】でまとめて覚えましょう。

【#95】 I don't know **what to** say.
　　　　［**何と**言っていいのかわからない］
　　　　I don't know **where to** go.
　　　　［**どこに**行ったらよいのかわからない］
　　　　I don't know **when to** start.
　　　　［**いつ**出発したらよいのかわからない］

Lesson 6　動詞が名詞・形容詞・副詞に　51

　　　　　　　　I don't know **which to** choose.
　　　　　　　　［**どれを**選んでいいのかわからない］
　　　　　　　　I don't know **how to** use this copier.
　　　　　　　　［このコピー機の使い**方**がわからない］

❷be V と組んで
　【#96】　The Prime Minister **is to visit** Africa next month.
　　　　　　　　［首相は来月アフリカを訪れる**予定**です］
「予定」の他に、「〜しなければならない（義務／命令)」「〜できる（可能)」「〜するつもり（意図)」なども表せます。

❸一般 V と組んで
「〜のようである」という seem と組むと、
　【#97】　They **seem to** worry about the weather.
　　　　　　　　［彼らは天候のことを心配**しているようだ**］
to V と組むその他の一般 V を **BOX 14** で整理しておきましょう。

52

BOX 14《一般 V+to V》

①happen to 　　　　　たまたま〜する
②get / come to 　　　〜するようになる
③prove / turn out to 　〜だとわかる
④fail to 　　　　　　〜しそこなう

❹SVO+to V

最後に SVOC の C のところに登場するパターンです。

【#98】 I told her to study English every day.
　　　［彼女に毎日英語を勉強**するように言った**］

【#99】 She asked me to make a speech.
　　　［彼女はわたしにスピーチを**するよう頼んだ**］

このパターンを作れる V は限られています。代表的なものが **BOX 15** です。

BOX 15《SVOC (to V)》

allow 　　　　O が〜するのを許す
advise 　　　 O に〜するようアドバイスをする
want 　　　　O に〜してほしい
believe 　　　O が〜すると信じる
cause 　　　　O に〜させる
wait 　　　　 O が〜するのを待つ
encourage 　 O を〜するよう励ます
find 　　　　 O が〜だと気づく

Lesson 6　動詞が名詞・形容詞・副詞に　53

（4）'きまった' 表現

【#100】 I'm ready to go.
　　　　［行く用意が**できている**］

【#101】 He is eager to win.
　　　　［彼はとても勝ち**たがっている**］

【#102】 I'm sorry to bother you.
　　　　［邪魔**してすみません**］

【#103】 To tell the truth, I'm still in love with David.
　　　　［**実を言うと**、まだデイビッドのことが好きです］

【#104】 To make matters worse, she got fired.
　　　　［**さらに悪いことに**、彼女は解雇された］

【#105】 To be frank, I don't like the way she talks.
　　　　［**率直に言って**、彼女の話し方は好きではない］

【#106】 Needless to say, health is above wealth.
　　　　［**言うまでもなく**、健康は富にまさる］

【#107】 We had only enough money to go home on the bus.
　　　　［バスに乗って**帰るお金**しかなかった］
　　　　（enough〜to…［…するほどの〜］）

【#108】 My boss was so kind as to lend me some

money.
［上司は親切**にも**いくらかお金を貸**してくれた**］
（so〜as to… ［〜にも…する］）

【#109】 You are too young to get married.
［あなたは結婚**するには**若**すぎます**］
（too〜to… ［…するには〜すぎる］）

Exercise 6

（　）内の語を並べ替えて、例文で登場した英文を作りましょう。

(1) I don't know (to / when / start).

_____

(2) I want (eat / something / to)

_____

(3) She (make / me / asked / to) a speech.

_____

(4) They (to / worry / seem) about the weather.

_____

(5) It was an honor (him / to / meet / for) the Prime Minister.

_____

(6) The singer left by the back door (seen / not / be / to) by the reporters.

_____

Lesson 7 動詞が名詞に
動名詞

→ Introduction

V に to をつけるといろいろなはたらきがあることを学習しました。run が to run で「走ること」となるように、そのなかの 1 つに、「名詞になる」ものがありました。このレッスンでは、V を名詞にするもう 1 つの方法を勉強します。今度の魔法は ing です。

(1) はたらき

V に ing をつけることで、「〜すること」と名詞のようになります。動詞が名詞になるので、動名詞と呼ばれます。

【#110】 Living is learning.
　　　　［生きる**こと**は学ぶ**こと**である］

live が living に、learn が learning になり、それぞれ名詞化しています。名詞になることで、S や C になることができます。進行形のときに現在分詞と呼ばれる ing が登場しました。見た目は同じですが、しっかり区別しましょう。

(2) 動詞としての性質

to V と同じく、V としての性質を備えています。

❶S を持てる

自分の S を持つことができます。

【#111】 We know of your passing the exam.

［**あなたが**試験に合格したのを知っている］
「あなたが合格した」のですから、ここで your は passing の S になっています。your は「あなたの」という所有格です。動名詞の前に、所有格か目的格（【#111】の場合 you でもいいわけです）の形の代名詞、または「's」か「そのままの名詞」を置きます。たとえば your のところに、Tom あるいは Tom's を置きます。

【#112】 We know of Tom('s) passing the exam.
［**トムが**試験に合格したのを知っている］

❷否定にできる
【#113】 I'm ashamed of not passing the exam.
［試験に合格**しなかったこと**を恥ずかしく思う］
（be ashamed of 〜［〜を恥ずかしく思う］）
動名詞の前に not をつけるだけです。

❸受動態も作れる
受動態は be ＋過去分詞でした。この be を動名詞にすると、「〜されること」となります。

【#114】 He knows the importance of forgiving and being forgiven.
［彼は許すことと許**されること**の大切さを知っている］
forgiving は「許すこと」ですが、being forgiven は「許

されること」となります。

❹完了もある

完了は have ＋過去分詞でした。この have を動名詞 ing にすると、「～したこと」となります。

【#115】 She regrets **having quit** her job.

［彼女は仕事を辞め**たこと**を後悔している］

（quit → quit → quit）

「後悔している」のは現在ですが、「仕事を辞めた」のは過去のことです。この時のズレを表すのが having ＋過去分詞です。

(3) 動名詞と to V

V が名詞のようになる魔法が 2 つ登場しました。to V の名詞的なはたらきと動名詞です。この 2 つには、以下のような基本的な違いがあります。

BOX 16《to V と動名詞のちがい》

to V 　「未来」のことを示す
動名詞 「いつものこと・過去のこと」を示す

【#116】 He **promised to** wait.

［彼は待つ**ことを約束した**］　→　未来

【#117】 She enjoys painting.
［彼女は絵を描く**ことを楽しんでいる**］
→ いつものこと

【#118】 He admitted making a mistake.
［彼は間違っ**たことを認めた**］
→ 過去のこと

この基本的な意味の違いから、V によって to V と動名詞との相性が出てきます。「好き嫌い」をしっかりとおさえましょう。

まずは、次の❶～❸のそれぞれの V を覚えましょう。

❶どちらでも

BOX 17《好き嫌いのない V》

好き嫌い：like［好む］/ love［愛する］、hate［憎む］、
　　　　　dislike［嫌う］、choose［選ぶ］
始・続　：begin / start［始める］、continue［続ける］

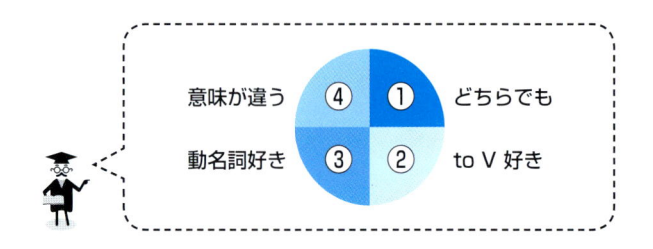

意味が違う ④ ① どちらでも
動名詞好き ③ ② to V 好き

❷to V 好き

BOX 18《to V 好き》

要求・希望：ask / beg［懇願する］、demand［要求する］、
　　　　　　desire / want / wish［望む］、expect［期待する］、think［思う］
意図　　　：aim［ねらう］、intend［意図する］、mean［意味する］
決心　　　：decide / resolve［決める］、dare［あえて〜する］、hesitate［迷う］
約束・賛成：promise［約束する］、agree［賛成する］、refuse［断る］、help［助ける］
準備　　　：prepare［準備する］、arrange［取り決める］

❸動名詞好き

BOX 19《動名詞好き》

いつものこと：appreciate［感謝する］、enjoy［楽しむ］、
　　　　　　　consider［考える］、practice［練習する］
過去のこと　：admit［認める］、deny［否定する］、
　　　　　　　recall / recollect［思い出す］
回避　　　　：avoid［避ける］、escape［逃れる］、miss［逃す］、resist［抵抗する］、mind［いやに思う］
延期　　　　：postpone / delay［延期する］
終了　　　　：finish［終える］、quit / stop［やめる］

Lesson 7　動詞が名詞に　61

> stopは動名詞好きです。以下のようにto V
> を続けていいように見えるときがあります
> が、このto Vは名詞「〜すること」ではな
> く、「〜するために」という目的です。
>   She stopped to listen.［彼女は耳をす
> ますために立ち止まった］

❹意味が違う

さて、このグループはto Vも動名詞も取りますが、意味が違ってしまいます。数は少ないのでここで覚えましょう。

① forget

【#119】 Don't **forget to** pay the telephone bill.
「〜するのを忘れる」
［電話代を払う**のを忘れ**ないように］

【#120】 We'll never **forget taking** a cruise to Okinawa.
「〜したのを忘れる」
［沖縄まで船旅を**したことを**けっして**忘れ**ないだろう］

② remember

【#121】 **Remember to** pay the telephone bill.
「〜するのを覚えている」
［電話代を払う**のを覚えて**おいてください］

【#122】 I remember taking a cruise to Okinawa.
「〜したのを覚えている」
［沖縄まで船旅を**したことを覚えている**］

③ regret

【#123】 I regret to say I cannot come to your party.
「残念ながら〜する」
［**残念ながら**パーティに行けません］

【#124】 I regret drinking too much at the party.
「〜したのを悔やむ」
［パーティで飲みすぎ**たことを悔やんで**います］

いずれも、上の文では行為がまだ行われていないのに対し、下の文では実際に行われています。それぞれ「未来」と「過去」という違う方向を見ているのです。

④ try

【#125】 I tried to lift the stone.「〜しようとする」
［石を持ち上げ**ようとした**］

【#126】 I tried lifting the stone.「ためしに〜する」
［ためしに石を持ち上げ**てみた**］

【#125】は「持ち上がった」かは不明。【#126】は「何とか持ち上がった」のです。

こんなペアもあります。両方とも「芝を刈**る必要があ**る」という意味です。

【#127】 You need to cut the grass.
【#128】 The grass needs cutting.

Lesson 7　動詞が名詞に　63

【#128】の needs cutting は受動的な意味で、need to be cut と同じです。

> **9 前置詞のうしろにVが来るときは、必ず動名詞になります。**
>
> 【#129】 He left **without saying** good-by.
> ［彼はさよならも言わ**ず**に出て行った］

(4)'きまった'表現

動名詞を用いた慣用表現は大切です。

【#130】 **On** arriv**ing** in Tokyo, she directly went to the branch office.

［東京に着い**てすぐ**、彼女は支店に直行した］

【#131】 **In** study**ing** for the exam, it helps to review your notes.

［試験勉強を**する際に**、ノートを復習するのは役立つ］

【#132】 **There is no** account**ing** for taste.

［好みを説明**することはできない**＝蓼食う虫も好き好き］（taste［好み］、account［説明する］）

【#133】 **It's no use** cry**ing** over spilt milk.

［こぼれた（spilt）ミルクを泣い**ても無駄だ**＝覆水盆に返らず］（spilt＜spill［こぼす］）

【#134】 I don't feel like fixing dinner tonight.
［今晩は夕食を作る気がしない］

【#135】 That job offer is worth considering.
［その仕事のオファーは考えて見る価値がある］

【#136】 Besides raising her children, Sara also cares for her aging parents.
［子どもを育てるだけでなく、サラは老いた両親の面倒も見ている］（raise［育てる］、aging［老いた］）

【#137】 I look forward to seeing you at the party.
［パーティでお会いするのを楽しみにしています］

> look forward to の to を to V とまちがえる人が多いです。この to は前置詞だから、うしろは動名詞です。

【#138】 I have been busy preparing my graduation thesis.
［卒論を準備するのにずっと忙しい］（graduation thesis［卒論］）

【#139】 My daughter spends a lot of time playing video games.
［娘はビデオゲームをして長い時間を過ごし

ている］

【#140】 Many employees may have a lot of trouble writing a research paper.
［多くの社員は研究論文を書く**のに**大変**苦労する**かもしれない］

【#141】 Would you mind opening the window?
［窓を開け**ていただけますか？**］

【#142】 What do you say to playing a few games with me?
［わたしと 2、3 試合**しませんか？**］

Exercise 7

1 （ ）内の語を to V か動名詞にしましょう。

(1) I expect (succeed). _____
(2) Would you mind (smoke) in the smoking room? _____
(3) Remember (turn) off the lights. _____
(4) This house wants (paint) _____
(5) I'm looking forward to (see) you soon. _____

2 日本文の意味になるように、（ ）に適切な語を入れましょう。

(6) My hobby (　　　) (　　　) stuffed toys.
［わたしの趣味はぬいぐるみを集めることです］

(7) (　　　) is (　　　).
［百聞は一見にしかず＝見ることは信じることである］

(8) There is a possibility of (　　　) (　　　) us.
［彼女がわたしたちを助けてくれる可能性はある］

(9) I am ashamed of (　　　) (　　　) scolded by my boss.
［わたしは上司に叱られたことを恥じている］

(10) I'm sorry for (　　　) (　　　) (　　　) come with us.
［あなたがわたしたちといっしょに来てくれなくて残念です］

Lesson 7　動詞が名詞に

Lesson 8 「気持ち・判断・考え」をトッピングする
助動詞

→ Introduction

　助動詞はすでに登場しています。一般動詞の疑問文で使った do、そして未来を表す will などです。このレッスンでは、それ以外の「自分の気持ちや意志、考え、判断」などを表す助動詞を学習します。V に気持ちをトッピングすることができるのです。「気持ち」、とても大切で欠かせないものですね。そこでこのレッスンはかなりボリュームがあります。でもみなさんの英語力を大きくアップさせるカギを握るレッスンですから、最後までがんばりましょう。

(1) 基本的な性質

　まず、すべての助動詞に共通する性質をしっかりとおさえておきましょう。

> **BOX 20 助動詞の性質**
>
> ① V の前に置く
> ② V は原形になる
> ③ not をつけて否定文、S と入れ替えて疑問文
> ④ 2つ以上並べられない
> ⑤ 過去形は必ずしも「過去」を意味しない

(2) いろいろな助動詞

❶can

canは「〜しようと思えばできる」―潜在的な能力―を表します。

【#143】 I can drive you to the station.
　　　　　[あなたを駅まで車で送って**いけますよ**]

必要性や要望があれば、できるということです。

「やろうと思えばできる」は「〜していい」という「許可」につながります。

【#144】 You can leave now.（もう行って**いいですよ**）

さらに「やろうと思えばできる」ということは「起こりうる」わけですから、「可能性」へとつながります。肯定、否定、疑問と並べてみましょう。

【#145】 Errors can occur.
　　　　　[間違いは起こり**うる**]
　　　　　Errors cannot occur.
　　　　　[間違いが起こる**はずがない**]
　　　　　Can errors occur?
　　　　　[はたして間違いは起こる**だろうか**？]

> **BOX 21 can**
>
> 1 潜在能力　　2 許可　　3 可能性

Lesson 8　「気持ち・判断・考え」をトッピングする　　69

can を使った'きまった'表現もあります。

【#146】 We cannot but hope for his success.
〔彼の成功を望む**しかない**〕
cannot but 原形Vで「〜するしかない」という意味です。

❷may

「許可」を表します。can の許可より、少し上の立場からの言い方になります。たとえば、親が子どもに向かって、

【#147】 Now you may have dessert.
〔さあ、デザートを食べ**てもいいですよ**〕
「許可」が否定されれば、「禁止」です。

【#148】 You may not speak here.
〔ここで話**してはいけません**〕
さらに may には「推量」の意味があります。

【#149】 It may rain tomorrow.
〔明日は雨が降る**かもしれない**〕

○ **BOX 22 may**

1 許可ー禁止　　2 推量

「可能性」の can が「〜のはずだ」ー根拠のある可能性であるのに対して、may は「〜かもしれない」ー推測です。

❸must

「追い込む」のが、must です。「勉強しなきゃいけない」と自分を追い込むと、「義務」になります。

【#150】 I **must** study English.
［英語を勉強**しなければならない**］

相手を追い込めば「命令」になり、否定にすれば、「禁止」になります。

【#151】 You **must** study.［勉強**しなさい！**］
You **must** not play.
［遊んでは**いけませんよ！**］

考えを追いこんでいくと、「きっと〜にちがいない」という「断定」に至ります。

【#152】 It **must** be true.［本当**にちがいない**］

> **BOX 23 must**
>
> １義務―命令―禁止　　２断定

❹need＆dare

need は「〜する必要がある」、dare は「あえて〜する」という意味です。この need は、否定文と疑問文のときだけ助動詞として使われます。

【#153】 You **need not** worry about me.
［わたしのことは心配**しなくていい**です］

Lesson 8　「気持ち・判断・考え」をトッピングする　71

dare は、こんな疑問文での使い方を知っておきましょう。

【#154】 How dare you say that?
[**よくも**そんなことが言えるね]

❺do / does / did

否定文、疑問文をつくるときに使いました。もう1つ重要なはたらきがあります。文全体の内容、発言者の確信を強めます。

【#155】 I do believe it.
[わたしは**本当に**それを信じている]

❻could

can を「できる」、could を「できた」と覚えるのでは十分ではありません。もう少し正確にとらえておきましょう。まず、can は「やろうと思えばできる」でしたから、could は「やろうと思えばできた」となります。

【#156】 In those days I could run 100 meters in 13 seconds.
[当時は100メートルを13秒で走**れた**]

実際に「〜できた」と過去の事実を言う場合には、be able to を使います→((4)❶)。

さらに「丁寧な表現」としても、could は使えます。

【#157】 Could I speak for a few minutes?

[少しお話**できますか**？]

mayの過去形mightにも同じ用法があります。

【#158】 Might I come in?

[入ってよろしいでしょうか？]

mightにはmayと同じく「推量」の意味もあります。

> **BOX 24 could**
>
> 1 過去の潜在能力　　2 丁寧

❼should

shouldは、mustを少しやわらかくした意味になります。

【#159】 You should be quiet here.

[ここでは静かに**した方がいいですよ**]

【#160】 The new movie should be a success.

[その新作映画は成功**するはずだ**]

「追い込む」mustと違って、強制ではなくアドバイス的に「〜したほうがいい」、断定（「〜にちがいない」）ではなく、当然の推量（「〜のはずだ」）となります。

また「控え目な」表現にも使えます。

【#161】 I should think so. [そう思い**ますが**…]

> **BOX 25 should**
>
> 1 助言　　2 当然の推量　　3 控え目な表現

❽would

will と同様に、「～だろう」— 現在の意志・推量を表しますが、少し控え目・丁寧な表現になります。

【#162】　That **would** be fantastic.
　　　　［それはすばらしい**でしょう**］

【#163】　**Would** you lend me a hand?
　　　　［手を貸し**ていただけますか**？］

「ていねい」な would にはきまった表現があります。

【#164】　I **would like to** borrow this book.
　　　　［この本をお借り**したいのですが**］

ていねいな「～したい」です。I would は I'd と短縮もされます。

would が過去を指すと、「どうしても～しようとしなかった—過去の拒絶」や「よく～したものだ—過去の反復的動作」を表します。

【#165】　The door **wouldn't** open.
　　　　［ドアは**どうしても**開か**なかった**］

【#166】　We **would** often go to that restaurant.
　　　　［**よく**そのレストランに行っ**たものだ**］

74

【#166】には、「思い出をなつかしむ」という感じがあります。

> **BOX 26 would**
>
> 1 現在の意志・推量　　2 丁寧　　3 過去の拒絶
> 4 過去の反復

❾ought to & used to

次に to のついた助動詞を 2 つ覚えておきましょう。両方とも to のあとには、原形 V が来ます。まず、should とほぼ同じ意味の ought to です。

【#167】　We **ought to** leave early.
　　　　　［早く出発**した方がいい**ですね］

used to は、「かつて〜した」という「過去の習慣的な動作」あるいは「過去の状態」を表します。「習慣的な過去の動作」とは、

【#168】　In those days I **used to** play basketball after school.
　　　　　［当時は放課後にバスケットボール**をしたものだ**］

「過去の状態」とは、

【#169】　There **used to** be a castle in the center of the city.
　　　　　［**かつて**町の中心に城が**あった**］

Lesson 8 「気持ち・判断・考え」をトッピングする

【#169】には、「今はない」という現在との対比があります。

> 似ているから気をつけましょう。
> —used to と be / get used to
> used to ＋原形 V：かつて〜した・だった
> be used to ＋名詞：〜に慣れている
> get used to ＋名詞：〜に慣れる
> 【#170】 I am used to the noise.
> ［わたしは騒音には慣れている］
> 【#171】 Have you got used to Japanese custom?
> ［日本の習慣に慣れましたか？］

(3) 助動詞＋完了形

助動詞＋完了形は、過去に目が向きます。助動詞によって表す意味が決まりますから、しっかりと覚えておきましょう。

❶cannot have＋過去分詞 「〜したはずがない」
【#172】 She cannot have lost her way.
　　　　［彼女が道に迷ったはずはない］（lose one's way［道に迷う］）

❷may have＋過去分詞 「〜した／だったかもしれない」
【#173】 He may have failed the exam.

［彼は試験に失敗**していたかもしれない**］

❸must have＋過去分詞 「～したにちがいない」
【#174】 You must have hated that school.
［あなたはあの学校が嫌い**だったにちがいない**］

❹should have＋過去分詞 「～すべきだったのに」
【#175】 You should have finished your homework before dinner.
［あなたは夕食前に宿題を終わらせる**べきだったのに**］

❺need not have＋過去分詞 「～する必要はなかったのに」
【#176】 You need not have hurried.
［急ぐ**必要はなかったのに**］

❻ought to have＋過去分詞 「～すべきだったのに」「～したはずだ」
【#177】 You ought to have consulted with me.
［あなたはわたしに相談**すべきだったのに**］

(4) 助動詞と同じ意味の表現

助動詞と同じ意味の表現を2種類、覚えておきましょう。

❶be able to

基本は can と同じです。「できた」という過去の事実には was / were able to を使います。

【#178】　He **was able to** climb the tree.
　　　　　［彼はその木に登**ることができた**］

「〜できるだろう」と未来のことを表現したければ、will can と助動詞を2つ並べることはできないので、can を be able to にします。

【#179】　You **will be able to** understand me some day.
　　　　　［いつかわたしの言うことが理解**できるだろう**］

＜かたち8　いろいろな時の be able to ＞

1 現在：is / am / are ＋
2 過去：was / were ＋
3 未来：will be ＋　　　　able to
4 完了：have / has ＋ been ＋

❷have / has to

must とほぼ同じ意味です。違いは must は自分が「しなければならない」と感じているのに対し、have to は客

観的な必要性に迫られています。

【#180】 Do I **have to** dress up for that restaurant?
　　　　［そのレストランは正装していかない**といけませんか**？］

過去、未来、完了にも have to を使います。

＜かたち9　いろいろな時の have to ＞

1 過去：had to ＋
2 未来：will have to ＋　　　原形 V
3 完了：have / has had to ＋

must not ≠ don't have / has to
must ＝ have / has to となりますが、それぞれの否定は＝で結べません。
must not は「禁止―～してはいけない」、
don't / doesn't / didn't have to は
「不必要―～する必要はない」となります。

⑩ had better

その他に had better という表現もよく使われます。「～したほうがいい」というアドバイスです。

【#181】 You **had better** hurry up.
　　　　［急いだ**方がいい**］

You'd のように省略もされます。2つまとめて1つの助動詞のように扱いますので、否定は had better not です。

Lesson 8　「気持ち・判断・考え」をトッピングする　79

→ Exercise 8

日本語の意味になるように、( ) に適切な助動詞を入れましょう。

(1) Computers (　　　) do a lot of things.
［コンピュータは多くのことができる］

(2) You (　　　) be tired.
［あなたは疲れているのかもしれない］

(3) You (　　　) not go. ［行ってはいけません］

(4) In those days I (　　　) often go to hot springs. ［当時はよく温泉に行ったものです］

(5) I (　　　) (　　　) (　　　) send this book to Japan.
［この本を日本に送りたいのですが］（丁寧な表現）

(6) I (　　　) (　　　) (　　　) asleep.
［わたしは眠っていたにちがいない］

(7) You (　　　) not (　　　) (　　　) him. ［彼を訪ねる必要はなかったのに］

(8) We (　　　)(　　　)(　　　)(　　　) watch movies online.
［オンラインで映画が見られるようになるでしょう］

(9) We (　　　) (　　　) obey his order.
［わたしたちは彼の命令に従わなければならなかった］

(10) You (　　　) (　　　) review this lesson.
［このレッスンを復習したほうがいい］

Lesson 9 ものの名前
名詞

→ Introduction

　これまでのレッスンでは英文の心臓であるVに注目してきました。このレッスンからは、V以外の品詞を詳しく勉強していきます。

　まずは名詞です。ものには名前があります。それが名詞です。英語では「数えられる名詞」と「数えられない名詞」を区別します。「数えられる」「数えられない」は日本語の感覚と少しちがう場合もあります。また1つの名詞が意味によって、「数えられたり」「数えられなかったり」もします。辞書で丁寧に確認することも大切です。

　名詞を整理すると、**BOX 27** のようになります。

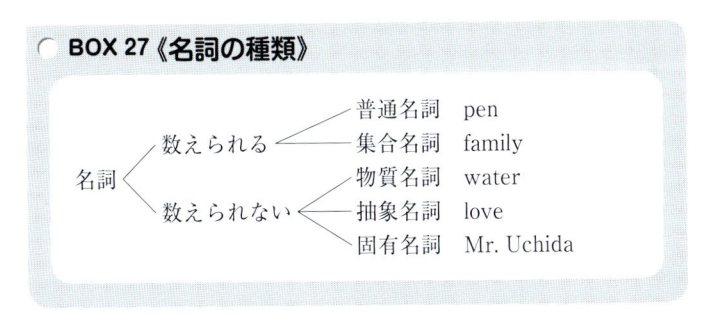

BOX 27 《名詞の種類》

```
                    ┌─ 普通名詞   pen
         数えられる ─┤
名詞 ─┤              └─ 集合名詞   family
         　　　　　　┌─ 物質名詞   water
         数えられない┼─ 抽象名詞   love
                    └─ 固有名詞   Mr. Uchida
```

（1）数えられる名詞

数えられる名詞には普通名詞と集合名詞があります。

❶普通名詞

触れたり、示したりできるもので、dog や pen です。形はなくても区切ることで数えられる month［月］、day［日］、hour［時間］などもこの仲間です。

❷集合名詞

同種のものがいくつか集まってできているもので、family［家族］、team［チーム］などです。たとえば「家族」を1つのまとまりと見ると、

【＃182】　He has **a** large family.
　　　　　［彼は**大家族**です］→家族というまとまり

単数扱いで a がつきます。しかし、家族の一人一人に注目すると、

【＃183】　His family are **all** nice people.
　　　　　［彼の**家族はみな**いい人です］→家族の一人一人

複数扱いなので be V は are になります。

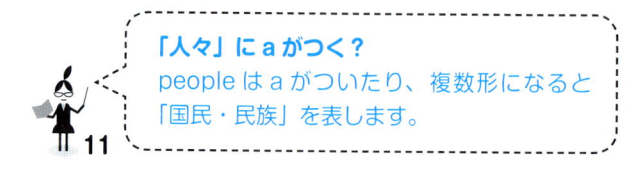

> 「人々」に a がつく？
> people は a がついたり、複数形になると「国民・民族」を表します。

(2) 冠詞

数えられる名詞が単数の場合には、a / an、the、this、that や my、your などの所有格がつきます。

a / an は他にも同じものがあるなかの 1 つを指すのに対して、the は話題のなかで特定されているか、あるいはたった 1 つのものを指します。

> **⑨ 複数形の作り方は大丈夫？**
>
> (1) 規則的なもの―語尾に -s、-es(/ s / / z / / ʃ / で終わる語) をつける。
>   book–books［本］ cat–cats［ねこ］ bus–buses［バス］
> (2) 不規則なもの
>   man–men［男性］ woman–women［女性］ foot–feet［足］ datum–data［データ］
> (3) 単数形と同じもの
>   fish［魚］ sheep［羊］ deer［鹿］ Japanese［日本人］
> (4) いつも複数形
>   pajamas［パジャマ］ scissors［はさみ］
>   glasses［メガネ］ belongings［持ち物］

(3) 数えられない名詞

数えられない名詞には、物質名詞、抽象名詞、固有名詞があります。

Lesson 9 ものの名前　83

❶物質名詞

water［水］のように実体はあっても、決まった形がないものです。数えるときは、単位や容器を使って「量」を表します。

> **BOX 28 単位・容器**
>
> a cup of tea［お茶一杯］ a glass of milk［コップ一杯のミルク］ a bottle of wine［ワイン一本］
> a load of bread［パン一斤］ a sheet of paper［紙一枚］
> a pound of sugar［砂糖一ポンド］

❷抽象名詞

love［愛］のような実体も形もないものです。a / an が付くことも複数形になることもありません。

❸固有名詞

特定の人または事物の名前です。大文字で始めます。川、海洋、施設、団体、新聞・雑誌などには the を付けます。

> **固有名詞に a がつく？**
> a Mr. Yamaguchi　山口さんという人
> an Edison　　　　エジソンのような人
> It's a Sony.　　　ソニーの製品

⑪ 鍛えておきたい「名詞力」

(1) a / an の区別は発音が母音（アイウエオ）かどうか。a university / an hour。
(2) means は複数形に見えるけど「手段」という単数の名詞。a means。
(3) 「こんな・あんな」の such は a / an の前に。such a good book。
(4) 交通手段は無冠詞。by bicycle。
(5) 目的が明確なときは冠詞をつけずそのまま。go to bed / go to church。
(6) 「布」は cloth。衣服は clothes。
(7) メガネはレンズが2枚、そこで glasses
(8) 乗り換えると列車は複数。「乗り換える」は change trains。
(9) いつも複数扱いする police。the police are。
(10) 最後が s で終わるときの 's は s を書かない。ten minutes' walk。
(11) 1組になっているときは冠詞は1つ。the bread and butter。
(12) 「どうかしましたか？」は「問題」の matter に the をつける。【#184】What's the matter with you?
(13) the ＋形容詞で人々を表す。the young の意味は「若者」。
(14) 「彼は私の腕をつかんだ」は、まず人を捕まえ、つかんだ体の部分は後から the をつける。【#185】He caught me by the arm.

Lesson 9　ものの名前　85

名詞を主語にする英語らしい表現があります。
【#186】 A few minutes' walk brings you to the station.
［2、3分の徒歩があなたを駅にもたらす。 → 2、3分で駅に着きます］

もうすぐ200!
何度も何度も
声に出して読んでね♥

Exercise 9

正しい方に○をつけましょう。

(1) The police (is / are) looking into the matter. (look into [調べる])
(2) We use gestures as (a means / a mean / means) of communication.
(3) She has many (clothing / clothes / cloths).
(4) Jason took off his (glasses / glass).
(5) You have to change (a train / trains) here.
(6) A (five minute's / five minutes') walk brought me to my school.
(7) Is anything (matter / the matter) with your bike?
(8) I met him (a / an) hour ago.
(9) We should respect (the old / old).
(10) She kissed the baby on (a / the) face.

Lesson 10 名詞の代わり
代名詞

→ Introduction

　このレッスンでは名詞の「代わり」、文字通り「代名詞」について勉強しましょう。日本語でも「**それ**取って」とか「**あれ**はないよね」とか、「それ」「あれ」を使います。これが代名詞です。しっかり使えるようになりましょう。

(1) 人をさす代名詞

　まずプレレッスンで見た❶❷の表を覚えていますか？一般の人々を指すときは、you を使います。we は自分を含めるとき、they は自分と話し相手を含まないときに使います。

(2) it

　単数の動物や物を指すときに使うのが it です。それ以外に以下の特別な用法をおさえてください。

❶時間・距離・天候・寒暖などを表す文の S として
【#187】　It's cold today.［今日は寒い］

❷「〜のようだ」（seems / appears / looks）の文で
【#188】　It looks like snow.［雪が降りそうだ］

❸状況

【#189】　How's it going at work?
　　　　　［仕事での状況はどう進んでますか→仕事はどう？］

ここでの it は特定のものを指すのではなく、「状況」を指していますね。以下のような表現もあわせて覚えておきましょう。

【#190】　Take it easy.［気楽にいこう］
【#191】　We made it!
　　　　　［やった！］（うまくいったときに）

❹形式的な S

S を短くするときに使いました。（→⑧）

(3) self

❶S と同じ人

【#192】　I enjoyed myself at the party.
　　　　　［パーティで**楽しんだ**］
【#193】　She seated herself before the piano.
　　　　　［彼女はピアノの前に**座った**］

日本語では、「わたし自身を」「彼女自身を」は必要ないように感じますね。英語では enjoy や seat といった V が O を必要とするので、このような表現になります。

help oneself は次のように使います。

Lesson 10　名詞の代わり

【#194】 Help yourself to another glass of wine.
［ワインを**ご自由**にお飲み下さい］

❷to / for / by oneself

say to oneself で「心の中で思う」、for oneself「自分のために、自ら」、by oneself「ひとりで、独力で」となります。

【#195】 They set goals for themselves.
［彼らは**自ら**目標を設定した］

【#196】 She cannot go shopping by herself.
［彼女は**ひとりで**買い物に行けない］

❸強調

【#197】 I myself go to his office.
［わたしが**自ら**彼のオフィスに出向きます］

(4) いろいろな代名詞

❶this / these / that / those

名詞の繰り返しを避けます。

【#198】 The climate is like that of France.
［気候はフランス**のそれ**と似ています］

例文の that は climate を指しています。繰り返す語が複数形ならば、those にします。

その他に、先の文（の一部）を指したりします。this は

次にくる文を指したりもします。

❷such / so / same
①such は「そのようなもの・人」という意味です。

such as「～のような」と後ろに具体例を示したり、as such「それなりの」といった慣用表現で覚えておきましょう。

【#199】 I like fruits **such as** strawberries and blue-berries.
［イチゴやブルーベリー**のような**果物が好きです］

【#200】 She was a princess and was treated **as such**.
［彼女は王女で、**それなりに**扱われた］

②so は、think / hope / say / do などの O、be / seem / appear / remain などの C となり、「そう」という意味で使われます。

【#201】 I hope **so**.　　　　It seems **so**.
［そう望みます］　［そのようです］

③ same は「同じこと・もの」です。the same A as B という形でよく登場します。

【#202】 She has **the same** cell phone **as** I have.
［彼女はわたし**と同じ**携帯電話を持っています］

Lesson 10　名詞の代わり　91

❸one / another / other

oneは「(不特定の) 1つの (人・もの)」、anotherは「もう1つの (人・もの)」、otherは「そのほかの (人・もの)」です。oneやotherは複数形にもなります。

【#203】 One girl shouted, and the other cried.
[**一人の**少女は叫び、**もう一人**は泣いた]

【#204】 Some of the girls are here, but the others have already left.
[少女の**何人かは**ここにいますが、**他の**少女はみなもう行ってしまった]

2つ、2人に限定されるとき、一方がone、他方がthe otherになります。3つ、3人以上で他方が複数になればthe othersとなります。theがつくと「残り」はありません。theのないothersでよく使われるのは、

【#205】 Some movies are interesting, others are boring.
[おもしろい映画**もあれば**、退屈な映画**もある**]

この場合は、「〜なものもあれば…なものもある」となり、2つの分類に入らないもの (「残り」) が存在する可能性がありますから、theがつきません。

anotherは「おかわり」のイメージで覚えておきましょう。

【#206】 Would you like another glass of wine?
[ワインをもう一杯いかがですか？]

❹either / neither / both

either は「どちらか」、neither「どちらも〜でない」という意味で、どちらも単数扱いします。

【#207】 Either is acceptable.
　　　　［**どちらでもいい**です］（acceptable［受け入れられる］）

【#208】 Neither is acceptable.
　　　　［**どちらもだめ**です］

both は「両方」で、複数扱いです。

【#209】 Both of them will come here.
　　　　［彼らは**2人とも**ここに来るでしょう］

❺all / each / every

all は「すべて（のもの）」という意味で、数えられるものを指すときは複数、数えられないものを指すときは単数として扱います。

【#210】 All were present.
　　　　［**みな**出席していた］（'数えられる'「ひと」）

【#211】 All I said is this.
　　　　［わたしの言ったことはこれ**だけです**］（'数えられない'「こと」）

All I said の部分は詳しくは後（Lesson 15）で学習しますので、ここではこの□のまとまりが単数として扱われること、意味が「すべて」から「〜だけ」というニュアン

スになることを理解しておきましょう。

　each は 2 または 3 以上の「それぞれ」、every は 3 以上のそれぞれを「全体的」に言います。たとえば、

　【#212】　Each employee has a password.
　　　　　［社員は**それぞれ**パスワードを持っている］
　【#213】　Every employee has a password.
　　　　　［社員は**みな**パスワードを持っている］

　【#212】では、ひとりひとりの社員を見ていますが、【#213】はひとりひとりを見ながら、意識は「みんな」という感覚です。

❻ -body / -thing

整理しましょう。

BOX 29《-body / -thing 一覧》

everybody / everyone / everything　だれでも・なんでも
somebody / someone / something　だれか・なにか
anybody / anyone / anything
　　　　　　　　だれでも・なんでも［肯定文］
　　　　　　　　だれも・なにも〜ない［否定文］
none / no one / nobody / nothing　だれも・なにも〜ない

　body / thing がついた代名詞には大切な'きまった'表現があります。

【#214】 She is **anything but** a dancer.
［彼女はダンサー以外の何ものでもある→彼女はダンサー**と言えたものではない**］

【#215】 I'd say he's dependable, **if anything**.
［**あえて言うなら**、多少なりとも彼は頼れる］

【#216】 That child is **nothing but** a spoiled brat.
［あの子は甘やかされた小僧以外の何者でもない→**ただの**甘やかされた小僧だ］

【#217】 I did not send you to medical school **for nothing**.
［**無駄に**おまえを医大に通わせたわけではなかった］

【#218】 Did you understand his lecture?
［彼の講義がわかりましたか？］
I could **make nothing of** it.
［**まったくわかりません**でした］

> 「6歳の少年」は英語で、a six-year-old boy。six でも year は単数形です。- で結ばれて1語の形容詞になると、複数形にしません。

Lesson 10　名詞の代わり　95

Exercise 10

日本文の意味になるように、（　）に適切な代名詞を入れましょう。

(1) (　　　) is warm in Arizona even in winter.
［冬でもアリゾナはあたたかい］

(2) That child went to Korea (　　　) himself.
［その子はひとりで韓国に行った］

(3) Players (　　　) as Mao are rare.
［マオのような選手はまれです］

(4) I don't think (　　　).
［わたしはそうは思いません］

(5) I have the (　　　) computer as you have.
［あなたと同じコンピュータを持っています］

(6) (　　　) of us agreed with him.
［わたしたちは共に彼に賛成した］

(7) One of my two dogs is a beagle, and the (　　　) is a golden retriever.
［うちの2匹の犬は、ビーグルとゴールデンレトリバーです］

(8) Would you like (　　　) glass of wine?
［ワインをもう一杯いかがですか］

(9) All he needs (　　　) money.
［彼が必要としているのはお金だけです］

(10) (　　　) student has her own desk.
［学生はそれぞれ自分の机を持っている］

Lesson 11 名詞の前に
前置詞

→ Introduction

このレッスンでは、前置詞の仲間のそれぞれのはたらきを整理しましょう。各々に基本的なイメージはあるのですが、意味が広がる傾向があります。例文のなかで、そのはたらきを肌で覚える－それには音読がもっとも効果的です。

(1) at

at は「～という点で、に」という１点感覚です。例文のなかでしっかりと確認しましょう。

【#219】 He has a meeting **at** ten.
［彼は 10 時**に**会議がある］

【#220】 I saw him **at** breakfast.
［朝食**の時に**彼に会った］

【#221】 Americans can vote **at** age 18.
［アメリカ人は 18 歳**で**投票できる］

【#222】 I was surprised **at** his resignation.
［彼の辞任**に**驚いた］

次のような'きまった'意味でも使われます。

【#223】 Make yourself **at home**.
［**くつろいで**ください］

(2) by

　byは「近くにあって」、また「それを使って、それによって、それまでに」というイメージです。

【#224】　Go stand by the statue.　　　→そばに
　　　　［銅像**のそばに**立ってください］

【#225】　Please leave by the back door.　→使って
　　　　［裏口**を使って**出て行ってください］

【#226】　I will send you my resume by email.
　　　　　　　　　　　　　　　　　　　→よって
　　　　［Eメール**で**履歴書を送ります］

【#227】　It needs to be delivered by Monday.
　　　　　　　　　　　　　　　　　　　→までに
　　　　［月曜**までに**配達される必要があります］

【#228】　She was frightened by a strange man.
　　　　　　　　　　　　　　　　　　　→よって
　　　　［彼女は見知らぬ男**によって**驚かされた］

　byの右側を見ると、いずれも「近くに」ありますね。byにはこんな使い方もあります。

【#229】　She is my senior by two years.
　　　　［彼女はわたしの**2年**先輩です］

【#230】　That job pays by the hour.
　　　　［その仕事は**時給で**支払われます］

(3) for

for は「その対象に目を向けて」います。

【#231】 What can I do for you? →〜のために
[あな**たのために**何ができますか？]

【#232】 This bus is bound for Haneda.
→〜に向かって
[このバスは羽田**行き**です]

【#233】 Are you for raising taxes? →〜に賛成
[税を上げること**に賛成**ですか？]

【#234】 Would you like to go for a drink after work? →〜をしに
[仕事の後に一杯飲み**に**行きますか？]

【#235】 We will wait for you here. →〜を
[ここであなた**を**待っています]

【#236】 Don't try to make excuses for your poor grades. →〜に対して
[悪い成績**に対して**言い分けをしようとするな]

【#237】 She lived in China for three years.
→〜の間
[彼女は中国に 3 年**間**住んでいた]

【#238】 She was arrested for shoplifting.
→〜の理由で

Lesson 11　名詞の前に　99

［彼女は万引き**をして**逮捕された］

(4) from

from は「〜から」です。

【#239】 I take my lunch break **from** 12:30 to 1:30.
［12:30 **から** 1:30 の間に昼食休憩を取ります］

【#240】 I am **from** Colorado.
［わたしはコロラド出身（**から**来た）です］

【#241】 This bread is made **from** rice flour.
［このパンは米粉**から**作られている］

【#242】 My son suffers **from** asthma.
［息子はぜんそく**で**苦しんでいる］（asthma［ぜんそく］）

【#243】 Let's look at it **from** another angle.
［別の角度**から**見てみましょう］

【#244】 Is the weather in Tokyo different **from** Okinawa?
［東京の気候は沖縄**とは**違いますか？］

be made のあとの from と of
【#241】 のように from は「もとが見えません（原料）」、それに対して木の机は「もとが見えます（材料）」。そういうときは of になります。This desk is made of wood.
［この机は木製です］

(5) in

in は「その中にいる、ある、入る」という感じです。

【#245】 She put her cell phone **in** her briefcase.
　　　　［彼女は携帯を書類カバン**の中に**入れた］

【#246】 I feel comfortable **in** jeans.
　　　　［ジーンズ**をはく**と快適だ］

【#247】 Sandy is **in** love with her boss.
　　　　［サンディは上司と恋愛関係**に**ある］

【#248】 He is interested **in** photography.
　　　　［彼は写真**に**興味がある］

【#249】 She graduates **in** three months.
　　　　［彼女は 3 カ月**で**卒業する］

いずれもが「中に、中で」ですね。

(6) to

to は「到達・到着」のイメージです。

「仕事場」に向けて出発したのなら、

【#250】 He already left **for** work.
　　　　［彼は仕事に向かった］

すでに到着していたのなら、

【#251】 He already went **to** work.
　　　　［彼は仕事**に**行った］

となります。

Lesson 11　名詞の前に　101

【#252】 You can walk **to** the train station from here.
　　　　［ここから電車の駅**まで**歩けます］
【#253】 That movie was exciting **to** the end.
　　　　［あの映画は最後**まで**おもしろかった］
【#254】 His illness was attributed **to** stress.
　　　　［彼の病気はストレス**のせいだ**］
　　　　（be attributed to［〜の原因である］）
【#255】 **To** my delight, I met an old friend from college.
　　　　［うれしい**ことに**、大学時代の旧友に出会った］
「駅」、「映画のエンディング」、「喜び」に到着しているのです。

(7) about

about は「あるものの周辺」が基本イメージです。

【#256】 He is **about** fifty years old.
　　　　［彼は 50 才**くらい**です］
【#257】 My professor talked **about** her research.
　　　　［教授は自分の研究**について**話した］

102

(8) on

onは「くっついている」―接触―です。

【#258】 I found a spot **on** my sweater.
　　　　［セーター**に**しみを見つけた］

【#259】 Her theory is based **on** research.
　　　　［彼女の理論は研究**に**基づいている］
　　　　（be based on～［～に基づいている］）

「セーター」「研究」に密着しています。
その他、'きまった'表現を覚えましょう。

【#260】 The pilots are **on** strike.
　　　　［パイロットはストライキ**中**だ］

【#261】 That apartment is **on fire**.
　　　　［あのアパートが**火事**だ］

【#262】 I'm **on duty** tonight.
　　　　［今晩は**当直**です］（duty［義務］）

【#263】 **On** my way home, I met Cindy.
　　　　［家に帰る**途中**、シンディに会った］

これらに共通しているのは、「そのプロセス上にある」というイメージです。

Lesson 11　名詞の前に　103

> **⑫ 微妙な違い at / on / in**
>
> (1) 場所の at と in
>   at は地点（〜で）を表し、in は内部（〜の中で）という違いです。
>   *Meet me **at** the restaurant.*
>   ［レストランで会いましょう］
>   *Please wait for me **at** the bar **in** the restaurant.*
>   ［レストランの中のバーカウンターで待っていてください］
> (2) 時の at、in、on
>   at は「点」、in は「幅」を持っています。on は「日」です。
>   *I'll call you **at** ten a.m.*［午前 10 時に電話します］
>   *I'll call you **on** Monday.*［月曜に電話します］
>   *Tulips bloom **in** spring.*
>   ［チューリップは春に咲きます］

さて、これからさらに意味が広がる前置詞に入ります。

(9) with

with は「並ぶ」「ぴったりと寄り添う」「重なる」イメージです。

【#264】 He went shopping **with** his girlfriend.
［彼は彼女**と**買い物に行った］

【#265】 Compare this tie **with** that one.
［このネクタイとあれ**と**を比べてみてください］

【#266】 He gestured **with** his hands.

104

　　　　　　　［彼は手**で**ジェスチャーをした］→道具

【#267】　The dog was shivering **with** cold.
　　　　　　　［犬は寒さ**に**震えていた］　　　→理由

【#268】　Is there something wrong **with** the dog?
　　　　　　　［その犬**は**どこか悪いの？］　　→関心の対象

【#269】　White wine goes well **with** fish.
　　　　　　　［白ワインは魚**と**合う］

(10) of

of は部分。全体との関係はいろいろです。

【#270】　That boy robbed me **of** my purse.
　　　　　　　［あの少年が私**から**財布を奪った］　→分離

【#271】　I couldn't finish part **of** the exam.
　　　　　　　［試験**の**一部を終えることができなかった］

【#272】　She is a person **of** character.
　　　　　　　［彼女は品性を持った人だ→彼女は人格者
　　　　　　　だ］　　　　　　　　　　→〜の性質を持つ

【#273】　Many people died **of** cholera in those days.
　　　　　　　［多くの人が当時コレラ**で**亡くなった］→原因

【#274】　They are friends **of** my sister.
　　　　　　　［彼らはわたしの妹**の**友達です］　　→所有

【#275】　Steve told us **of** his decision to retire.
　　　　　　　［スティーブはわたしたちに辞める決意（**に**

Lesson 11　名詞の前に　105

ついて）を語った］　　　　　　　　　　→関連

その他の前置詞は次の表でなじんでおけば大丈夫です。

BOX 30《その他の前置詞》

above［〜より上］、after［〜の後に・で］、against［〜に対して］、along［〜に沿って］、among／between［〜の間］、as［〜として］、before［〜の前に・で］、beyond［〜を超えて］、during［〜の間］、into［〜の中に］、(a)round［〜のまわりに・で］、under［〜の下に・で］、until［〜まで］、within［〜の中に］、without［〜なしで］

2語以上のまとまってはたらく前置詞は **BOX 31** です。

BOX 31《まとまった前置詞》

according to［〜によると］、as for［〜に関して言えば］、as to［〜について］、because of［〜のために］、but for［〜がなかったら］、by means of［〜によって］、by way of［〜経由で］、except for［〜を除いて］、in addition to［〜に加えて］、in case of［〜の場合には］、in front of［〜の正面に］、in spite of［〜にもかかわらず］、instead of［〜の代わりに］、on account of［〜の理由で］、owing to［〜の理由で］、thanks to［〜のおかげで］、with regard to［〜について］

前置詞とⅤが組み合わさり、'きまった'表現―動詞句―を作ります。この後のレッスンの例文ではなるべく動詞句を使っていますので、覚えていってください。

→ Exercise 11

日本語の意味になるように、（　）に適切な前置詞を入れましょう。

(1) I have a doctor's appointment (　　　　) ten o'clock (　　　　) the morning.
［午前10時に医者の予約をしている］

(2) Let's go (　　　　) a walk (　　　　) lunch time.
［昼休みの間に散歩に行こう］

(3) That restaurant is open (　　　　) 7 p.m. (　　　　) 12 a.m.
［あのレストランは午後7時から午前12時まで開いています］

(4) Should we go (　　　　) the airport (　　　　) taxi?
［空港までタクシーで行ったほうがいいでしょうか］

(5) She wants to find a job (　　　　) an English teacher (　　　　) China.
［彼女は中国で英語教師としての職を見つけたがっている］

(6) There's an expensive picture (　　　　) the wall.
［壁に高価な絵がかかっている］

(7) What's the matter (　　　　) you?
［どうしたんですか？］

Lesson 12 修飾する
形容詞・副詞

→ Introduction

形容詞は性質・状態・心情などを述べる語です。副詞は動作・様態（たとえば「元気に」）・場所・時を表し、動詞や形容詞を修飾します。形容詞と副詞の用法や注意すべき点などを勉強しましょう。

(1) 形容詞

❶形容詞の2つの用法

① You have a **cute** dog. ② Your dog is **cute**.

1つは、①のように名詞の前に置きます（限定用法）。もう1つは、②のようにC（isの右側）に来る場合です（叙述用法）。形容詞によっては、①か②のどちらかでしか使えないもの、①と②で意味が異なるものがあります。

BOX 32《①の使い方だけの形容詞》

only［ただ1つの］ mere［単なる］ entire［全～］
main［おもな］ total［全体の］

BOX 33《②の使い方だけの形容詞》

alone［ひとりぼっちの］ alike［似ている］
alive［生きている］ asleep［寝ている］

【#276】 I cleaned the entire room.
　　　　［部屋**全体**を掃除した］
【#277】 They are alike.［彼らは**似ている**］

次の 2 つの形容詞、present と late は①のときと②のときとで意味が異なりますので、注意しましょう。

【#278】 The present president is popular.
　　　　［**現在の**大統領は人気がある］
【#279】 All of the members were present.
　　　　［メンバーの全員が**出席した**］

同じ present でも使われ方で意味が違います。

【#280】 This is a late-model car.
　　　　［これは**最新**型の車です］
【#281】 Tom was late for work today because of the traffic jam.
　　　　［トムは交通渋滞のために今日仕事**に遅れた**］

late は【#281】のように C になると「遅れる」という意味になりますが、【#280】のように名詞の前に置かれると、「前」「元」「故」「後期の」「最近の」「最新の」「遅くなってからの」などの意味になります。

①のように名詞を修飾する場合の形容詞の位置は、1 語なら名詞の前に、2 語以上のまとまり（a man about thirty years old「30 歳くらいの男」）や名詞が -thing で終わるもの（something hot to drink［なにかあたたかい飲み物］）の場合には、名詞の後ろになります。

Lesson 12　修飾する　109

❷気をつけたい「数」と「量」を表す形容詞

BOX 34《数と量》

	たくさんの	いくらかある	ほとんどない
数えられる	many / a lot of / quite a few	a few	few
数えられない	much / a lot of / quite a little	a little	little

BOX 34 のように、「数えられる／られない」によって使い分けます。また a がつくかつかないかで「肯定的（ある）」「否定的（ほとんどない）」の差が出ます。

【#282】 I have a little time.［少し時間がある］

【#283】 I have a few friends.［2、3人の友達がいる］

【#284】 I have little time.［ほとんど時間がない］

【#285】 I have few friends.［ほとんど友達がいない］

many、much を含む'きまった'表現があります。

【#286】 Back pain affects a great many people.
［腰痛は**多くの**人を悩ませている］

【#287】 Those five days without electricity seemed like as many months.
［電気なしの5日間は（**同じ数の**）5カ月にも思えた］

【#288】 Microsoft has been making **much of** its new operating system.
［マイクロソフトはその新しいオペレーティングシステムを**重んじている**］

【#289】 I ate too **much** again. Well, **so much for** my diet!
［昨夜はまた食べ**すぎた**。ああ、ダイエット**はもうおしまい！**］

❸some / any

漠然と「数」と「量」を表すときに、some を肯定文で、any を否定文・疑問文で使います。

【#290】 I have **some** money.
　　　　［**いくらか**お金を持っている］

【#291】 I don't have **any** money.
　　　　［お金を**まったく**持って**いない**］

しかし、人にものを勧めるたりするときには、疑問文でも some は使われます。

【#292】 Will you have **some** tea?
　　　　［お茶をいかがですか？］

また逆に肯定文で any を使うと、「どんな〜でも」となります。

【#293】 **Any** job is better than no job.
　　　　［**どんな**仕事だってないよりはましだ］

Lesson 12　修飾する　111

❹人を S にする形容詞／できない形容詞

日本語では「あなたは都合がいいですか？」と聞きますが、英語では、Are you convenient? とは言いません。以下のようになります。

【#294】 Is it convenient for you?
［ご都合はいかがですか？］

このように S に「人」が来ない形容詞は **BOX 35** にあります。

BOX 35《人を S にできない形容詞》

necessary［必要な］　different［異なる］　easy［簡単な］　pleasant［愉快な］　impossible［不可能な］

一方で必ず「人」を S にする形容詞もあります（**BOX 36**）。

BOX 36《人を S にする形容詞―気持ち系》

happy［うれしくて］　sorry［残念で］　pleased［喜んで］　surprised［驚いて］　anxious about［心配で］　anxious for［切望して］

【#295】 Her parents were anxious about her poor health.
［両親は彼女の病弱**を心配した**］

意味をまちがいやすい形容詞
economic［経済の］
economical［経済的な］
childish［(好ましくない) 子どもじみた］
childlike［(いい意味で) 子どもらしい］
considerable［かなりの］
considerate［思いやりのある］
sensible［分別のある］
sensitive［敏感な］
Swiss［スイスの・スイス人］
Switzerland［スイス］

(2) 副詞

❶形

kind［親切な］(形容詞) → kindly［親切に］(副詞) のように形容詞に ly をつけるものと、fast［速い］(形容詞) → fast［速く］(副詞) のように形容詞と同形のものがほとんどです。

ly と同形の両方がある場合には、意味が異なります。

【#296】 Mary came late for work again.
　　　　［メアリーはまた仕事に**遅れて**来た］

【#297】 Mary has been busy lately.
　　　　［メアリーは**最近**忙しい］

その他、以下を覚えておきましょう。

hard［はげしく］/ hardly［ほとんど〜ない］/ most［一

番］/ mostly［だいたい］

> これが英語の順番―副詞の並べ方
> At 6:30 in the evening on December 24, 2012.
> (2012 年 12 月 24 日夕方 6 時 30 分に)

❷注意したい副詞

①ago / before

ago は「今」が出発点で「〜前」です。

【#298】 I graduated from university ten years ago.

［10 年**前**に大学を卒業した］

「今から 10 年前」です。それに対して before は「過去」から「〜前」です。

【#299】 Last night I finished this book. I started reading it two weeks before.

［昨夜この本を読み終えた。二週間**前**に読み始めたのだけど］

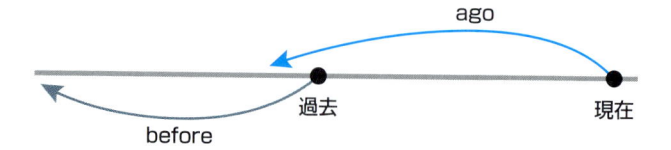

```
                              ago
─────────────────────●──────────●
                    過去         現在
       before
```

「昨夜」という過去から「2 週間前」の過去にさかのぼります。before だけだと、「以前に」という意味になりま

す。
【#300】 We've been to London once **before**.
［**以前に**ロンドンに1度行ったことがある］
②very / much
very［とても］は形容詞・副詞の意味を強調し、much［おおいに］はおもに動詞を修飾して、程度を強調します。
【#301】 This chocolate is **very** bitter. I don't like it **much**.
［このチョコ、**すごく**にがいね。**あまり**好きじゃない。］
much は否定文のなかでは、「あまり」という程度を表します。
③enough
「十分に」を意味するこの副詞は、修飾する V・形容詞・副詞のうしろに来ます。
【#302】 It is large **enough**.
［それは**十分に**大きいです→その大きさで十分です］
④well
well を含んだ'きまった'表現を覚えておきましょう。
【#303】 You can get a free ticket **as well**.
［無料券**も**もらえます］
【#304】 She is my wife **as well as** my business partner.

Lesson 12　修飾する

［彼女はビジネスパートナー**であり**、妻で**も ある**］

【#305】 You **may well** think so.
［そう思う**のも無理はない**］

【#306】 You **might as well** go abroad **as** not.
［海外には行か**ないより**行っ**た方がいい**］

ついに300達成!
後半もがんばりましょう♥

→ Exercise 12

1 （ ）内から適切なものを選びましょう。

(1) I don't use (any, many, much, some) butter in this recipe. Only (a few, a little).
［このレシピではあまりバターを使いません。ほんの少しだけです］

(2) Would you like (any, some) of this cake?
［このケーキいかがですか？］

(3) There are two (similar, alike) houses.
［2軒の似た家があります］

(4) I'm full. I can't eat (much, many, any) more.
［満腹です。これ以上食べられません］

(5) There were quite (a few, a little) spelling errors in your report.
［あなたのレポートにはたくさんのスペルミスがあります］

2 日本語の意味になるように、（ ）に適切な語を入れましょう。

(6) I arrived (　　　　) for the interview.
［面接に遅れて到着した］

(7) I have not seen him (　　　　).
［最近彼に会っていない］

(8) You may (　　　　) say so.
［あなたがそう言うのも無理はない］

Lesson 13 比べる
原級・比較級・最上級

→ Introduction

　形容詞、副詞の勉強が終わりました。次はこれらの「形を変え」て、「比べる」表現をマスターします。これは英語ではとても多く使われます。'きまった'表現もしっかり使いこなせるようにしましょう。まず用語の確認です。原級・比較級・最上級という3つのことばがあります。「背が高い」―tall、この元の形を原級と呼びます。Vの元の形は原形と言いましたね。そして「〜より背が高い」は比較級と呼ばれ、英語では taller となります。さらに「もっとも背が高い」は最上級と呼ばれ、英語では tallest と言います。

10 比較級・最上級の形を作れますか？

1) 比較級には er、最上級には est をつける
　 tall → taller → tallest
　 ただし e で終わる語の場合は、r、st だけをつける
　 nice → nicer → nicest
2)「短母音＋1子音字」で終わる語には、その子音を重ねる。
　 hot → hotter → hottest
3) 子音字＋y で終わる語は、y を i に変えて er、est をつける
　 dry → drier → driest
4) -ful、-less、-ish、-ous などで終わる語、および3音節*以上の長い単語は more、most を使う。
　 wonderful → more wonderful → the most wonderful
*wonderful を辞書で引くと、won–der–ful とハイフンで3つ

> の音のかたまりに分かれています。母音を中心にひとまとまりに発音される単位です。この1つずつが「音節」です。

ではイラストを見ながら、いろいろ「比べて」みましょう。

Megu　Ken　Yuki　Jun

（1）原級

原級を使って以下のような表現ができます。まずふつうの文は、Megu is tall.［メグは背が高い］です。

次は Ken と Yuki を比べましょう。

【#307】　Ken is **as tall as** Yuki.

［ケンはユキと**同じくらい**の背の高さだ］

【#308】　Jun is **not as tall** as Yuki.

［ジュンはユキ**ほど**背が高く**ない**］

not as〜as…で、「…ほど〜でない」という意味になります。

> **⑬ as 〜 as を使った倍数・分数の表現**
>
> 「〜倍」は〜times（2倍は例外的に twice）
> 【#309】 This table is **three times as** large **as** that one.
> 　　　　［このテーブルはあのテーブルの **3 倍の大きさ**です］
> 「〜分の…」は　分子を先に、分母は「〜番目の」（序数）を使います。1/2 は a half、1/4 は a quarter です。
> 【#310】 That table is **one third as** large **as** this one.
> 　　　　［あのテーブルはこのテーブルの **1/3 の大きさ**です］
> 分子が 2 以上だと分母は複数形になります。2/3 は two third**s** です。

(2) 比較級

では、イラストを見ながら比較級表現の練習をしましょう。

メグはケンより背が高いので、

【#311】 Megu is tall**er than** Ken.
　　　　［メグはケン**より**背が高い］

tall に er をつけます。than は「〜より」という意味です。

ユキはジュンより活発なので、

【#312】 Yuki is **more** athletic **than** Jun.
　　　　［ユキはジュン**より**活発だ］

athletic には more をつけて比較級を作ります。

またメグとジュンを比べると、メグの方がジュンより「ずっと」背が高いので、

120

【#313】 Megu is **much** taller than Jun.
　　　［メグはジュンより**ずっと**背が高い］
「ずっと」と強調するときには、muchやfarをつけます。また比較級は比例の文を作ることもできます。

【#314】 **The more** we have, **the more** we want.
　　　［持てば持つ**ほど**、**より**欲しくなる］
比例して増えていく状態が見えますね。

比較級をダブルにすれば、「ますます」「どんどん」という意味を表せます

【#315】 It's getting **darker** and **darker**.
　　　［**どんどん**暗くなっている］

(3) 最上級

【#316】 Megu is **the** tall**est** of the four.
　　　［メグは４人のなかで**一番**背が高い］
tall に est をつけます。

【#317】 Yuki is **the most** athletic of the four.
　　　［ユキは４人のなかで一番活発だ］
athletic には most をつけて最上級を作ります。

tallestにも、most athletic にも theがついています。「1番」は原則的に1人に「限定」されるからです。また、最上級を強調して「ずばぬけた1番」を表現したいときは、比較級と同じ much、far に加えて by far も使えます。

【#318】 Megu is **by far** the tallest in her team.

［メグはチームの中でも**ずばぬけて**背が高い］

不規則な比較級・最上級
不規則に変化するものは要注意です！
good　［よい］　　　　better　best
well　［じょうずに］　better　best
bad　　［悪い］　　　　worse　worst
ill　　　［病気の］　　　worse　worst
many　［多数の］　　　more　　most
much　［多量の］　　　more　　most
little　［少量の］　　　less　　 least

（4）'きまった'表現

【#319】 Please come here as soon as possible.
　　　　［**できるだけ**早く来てください］

【#320】 Our neighbor is as mean and nasty as ever.［隣人は**相変わらず**卑劣で意地が悪い］

【#321】 This car is as good as new.
　　　　（この車は新車**同然**です）

【#322】 He did not so much as look at me.
　　　　［彼は私を見ること**さえなかった**］

【#323】 She is not so much a doctor as a star.
　　　　［彼女は医師**というより**タレントだ］

【#324】 I have no more than 1,000 yen.
　　　　［1,000 円**しか**持っていない］

122

【#325】 She has **no less than** 10,000 yen.
　　　　［彼女は 10,000 円**も**持っている］

【#324】は more の反対→「少ない」、【#325】は less の反対→「多い」という感覚です。

【#326】 He **knows better than to** do such a thing.
　　　　［彼はそんなことを**するほどおろかではない**］

【#327】 I didn't see her, **much less** talked with her.
　　　　［彼女に会ったこともないし、**ましてや**話したこと**などない**］

【#328】 I enjoyed the cookies **all the more** because they were handmade.
　　　　［手作りだったので**よりいっそう**クッキーはおいしかった］

【#329】 He will **make the most of** his abilities.
　　　　［彼は能力を**最大限に活用する**だろう］

【#330】 You need to **at least** consider it.
　　　　［**少なくとも**それを考える必要がある］

【#331】 She is **not in the least** a novice.
　　　　［彼女は**けっして**初心者など**ではない**］

【#332】 **At last** I have finished the work.
　　　　［**ついに**その仕事を終えた］

【#333】 There are only ten people **at most** in the room.［部屋には**せいぜい** 10 人しかいない］

14 もう一歩、比較級・最上級の理解を深めましょう。

(1) er を付けるはずなのに…

【#334】 I was **more** sad **than** angry.
［怒り**というより**悲しかった］

sad の比較級は sadder です。このように more がつくと、「A というより B だ」のように、「同じ人やものについての異なった性質や状態」の比較になります。

(2) less の意味は、

【#335】 Jane is **less** athletic than Susan.
［ジェーンはスーザンより活発**ではない**］

less はもともと little の比較級ですが、「より少ない」というより「〜でない」という否定になります。

(3) 比較の対照

【#336】 The price of gasoline in America is cheaper than **that of** Canada.
［アメリカのガソリン価格はカナダ**より安い**］

ここで比較されているのは、アメリカの価格とカナダの価格です。訳を見てわかるように、日本語では「カナダより」だけでいいのですが、英語では比較するものを代名詞 that ／ those（複数）で示します。

(4) 「より」の to

【#337】 The Blu-ray format is **superior to** DVD.
［ブルーレイのフォーマットは DVD **よりすぐれている**］

「より」のところに than がなく、to があります。to を使うのは、その他に inferior（劣っている）、senior（年上である）、junior（年下である）、動詞の prefer A to B ［B より A が好き］などです。

(5) 原級や比較級が表す最上級

【#338】 **Nothing** is precious **as** time.

124

［時間**ほど**貴重**なものはない**］と、否定語を S に
したり、

【#339】 She is more diligent than any other employee.
［彼女は**他のどの**社員**よりも**勤勉である］と、
than any other「他のどの〜より」を用いたりし
て、最上級の意味を表すことができます。

(6)「〜のなかで」の in と of のちがいは？

【#317】、【#318】をもう一度見ましょう。

of	同類・仲間のなかで	うしろに複数のもの
in	範囲・場所のなかで	うしろに単数のもの

Lesson 13　比べる　125

→ Exercise 13

1 次の語の比較級・最上級を書きましょう。

(1) hot　　_____　　_____

(2) dry　　_____　　_____

(3) good　_____　　_____

(4) bad　　_____　　_____

(5) little　_____　　_____

2 日本文の意味になるように、(　) に適切な語を入れましょう。

(6) Megu is the _____ of the four.
　［メグは4人の中で一番若い］

(7) The economic situation is getting _____ and _____.
　［経済状態はますます悪くなっている］

(8) _____ you exercise, the greater the health benefits.
　［運動すればするほど、健康のためになる］

(9) This cell phone is inferior (　　) that one in design.
　［この携帯電話はデザインであれよりも劣っている］

(10) The climate of Tokyo is milder than (　　) of Beijing.
　［東京の気候は北京より穏やかである］

Lesson 14 語句・文をつなぐ
接続詞

→ **Introduction**

　語と語、文と文を「つなぐ」ことばを接続詞と言いました。このレッスンではとくに文と文をつなぐ接続詞を勉強します。これまでのレッスンに登場した英文のほとんどは、SV のセットが 1 つ、つまり単独の文でした。しかし、実際に英語の本や記事を読むと、もっと英文がつながっていますね。つまり SV のセットが複数あるのです。このレッスンでは接続詞に注目して、SV のセットがどのようにつながっていくかを理解しましょう。

(1) 並べる

❶ and

【#340】 The audience stood up **and** applauded.
　　　　［聴衆は立ちあがり**そして**拍手をした］

対等の 2 つの語句や文を結びつけていきます。

---

15 覚えておきたい and を使った表現

(1) = to「～しに行く」
　【#341】 Would you like to go **and** see her?
　　　　　（彼女に**会いに行き**たいですか？）

　ここでは and がすでに学習した to V の「ために」の意味を持っています。go、come などに特徴的ですので、覚えておきましょう。

(2) 命令語句 + and「～しなさい、そうすれば」
【#342】Hurry up, **and** you can catch the last train.
　　　　［急ぎなさい、**そうすれば**最終電車に間に合います］
命令的な表現のあとの and は、「そうすれば」となります。
(3) both A and B「A と B の両方」
【#343】She has taught English **both** in Japan **and** in China.
　　　　［彼女は日本と中国の**両方で**英語を教えてきました］

❷ but

but は、逆の内容をつなげていきます。

【#344】　She didn't like the sushi, but I did.

　　　　［彼女はすしが好きではなかった**が**、わたしは好きだった］

ここでの did は liked の繰り返しを避ける代わりの V です。

16 覚えておきたい but を使った表現

(1) not A but B 「A ではなく B」
【#345】This is **not** a merger **but** a takeover.
　　　　［これは合併**ではなく**買収**です**］
(2) not only A but (also) B「A だけでなく B も」
【#346】This recipe is **not only** delicious, **but** (**also**) healthy.
　　　　［このレシピはおいしい**だけではなく**健康的**です**］
(3) It is true that A but B 　「たしかに A だが B」
【#347】It is true that I was born in Japan, **but** I am not Japanese.
　　　　［**たしかに**日本で生まれ**たけれど**、日本人ではありません］

128

このitは形式主語ですね。
(4) 同じような意味のhowever
【#348】These plans, **however**, cannot be carried out without money.
［**しかし**これらの計画はお金なしでは実行できない］
howeverにはbutと同じような意味がありますが、howeverは文のはじめ、途中、最後のいずれにも置くことができる点が違います。

❸ or

「それとも」です。

【#349】 Am I next, **or** are you?
［次はわたしですか？**それとも**あなたですか？］

17 覚えておきたい or / nor を使った表現

(1) 命令語句 + or 「〜しなさい、さもないと…」
【#350】Hurry up, **or** you will miss the train.
［急ぎなさい、**さもないと**電車に乗り遅れますよ］
(2) either A or B 「A か B のどちらか」
【#351】**Either** you **or** I have to attend the meeting.
［あなたかわたしの**どちらかが**会議に出なければなりません］
orの否定norもあります。
(3) neither A nor B 「A も B も〜でない」
【#352】**Neither** he **nor** I know. ［彼**も**わたし**も**知ら**ない**］

Lesson 14 語句・文をつなぐ 129

❹ for

接続詞の for には、「だって…」「というのも…」と補足的に理由を述べるはたらきがあります。

【#353】 It will soon be spring, for the swans are beginning to migrate north.
［もうすぐ春だね。**だって**ハクチョウが北に渡り始めているから］

(2) 前置きする

これまで学習した接続詞は、【#344】She didn't like the sushi, but I did. のように、SV のセットを対等に結んでいました。

これから登場する接続詞によって結ばれる 2 つの文は、対等ではなく、一方が他方の「前置き」のようになります。

【#354】 Though I had a fever, I went to work.
［熱はあった**けれど**、仕事へ行った］

Though I had a fever が「前置き」で、I went to school の部分が「〜した」という中心になっています。このような 2 文の関係を作る接続詞を、意味のグループに分けて覚えていきましょう。

❶時「〜とき」

【#355】 Once you make a promise, you should keep it.

［**一度**約束**したら**、守るべきです］

BOX 37《時を表す接続詞》

when［〜とき］　while［〜の間］　as［〜とき、〜ながら］
after［〜の後］　before［〜の前］　till / until［〜まで］
since［〜以来］　once［一度〜すれば］

❷理由・原因「〜ので」

理由や原因を述べる文を作るには、以下のようにします。

【#356】 Since my parents are old, I have to take care of them.

［両親は年老いている**ので**、私が面倒を見なければならない］

中心は I have to take care of them で、since の部分は補足的な理由ですね。

BOX 38《理由を表す接続詞》

because / as / since［〜ので］

Lesson 14　語句・文をつなぐ　131

❸目的「〜が…できる／するように」

「〜が…するように」という目的を述べます。

> **BOX 39《目的を表す接続詞》**
>
> so that / in order that ［〜するように］

【#357】 He worked two jobs **so that** he **could** send his children to college.

［子どもたちが大学に行ける**ように**、彼は2つの仕事をやってのけた］

that の後には、can / could、will / would が使われるのがふつうです。

❹結果「とても〜なので…」

「とても〜なので、その結果…」という表現は、so〜that、such〜that を使います。

【#358】 She has been **so** sick **that** she hasn't been to work for a week.

［**ひどく**具合が悪かった**ので**、彼女は一週間仕事に行かなかった］

that の前に名詞が来ると、

【#359】 He is **such** a perfectionist **that** he goes over his paper again and again.

［彼は**たいへんな**完全主義者**なので**、自分のレポートを何度も確認する］

❺譲歩「〜だけれども」

「〜だけれども…だ」というように、「1 歩下がって認めるけれど、やはり…」というつながりです。たとえば、

【#360】 Though I had a bad headache, I went to the office.
［ひどく頭痛がした**けれど**、会社に行った］

> **BOX 40《譲歩の接続詞》**
>
> though / although / as［〜だけれども］
> even if / even though［たとえ〜でも］
> whether［〜であろうと］

【#361】 Whether you want to or not, you have to go to the dentist.
［望**もうが**望**むまいが**、歯医者には行かなければなりません］

❻様態「〜ように」

【#362】 As the proverb goes, "Money isn't everything."
［ことわざにある**ように**、「金がすべてではない」］

Lesson 14　語句・文をつなぐ　133

BOX 41《様態の接続詞》

as［〜のように］　as if / as though［あたかも〜のように］

❼限定

【#363】 As long as you remember to water it, this plant should be fine.

［水をやるのを覚えているかぎり、この植物は大丈夫なはずです］

【#364】 So far as I know, he is not cut out for a career in politics.

［私の知るかぎり、彼は政治の仕事には向いていない］

BOX 42《限定の接続詞》

as long as（時間的）「〜のかぎりは」
as far as / so far as（距離的）「〜のかぎりは」

❽条件

「もし〜ならば」は条件です。

【#365】 Unless you agree with this proposal, you should submit an alternative plan.

［この提案に賛成**でないなら**、代替案を提出してください］

BOX 43《条件の接続詞》

if / suppose / in case［もし～ならば］　unless［～でなければ］

(3) 文のなかの文

❶接続詞 that

今度も SV のセットは 2 つあります。しかし、2 つの SV が離れてあるのではなく、一方のなかに含まれています。つまり小さな sv は大きな SV の文の一部として機能するのです。

```
SV    [ sv ]
```

【#366】　She thinks that he is cool.
　　　　　［彼女は彼がかっこいいと思っている］

「彼女は□を思う」SVO です。でも O の□を見ると、中に sv のセットがあります。he is cool という英文が that という接続詞をつけると、that he is cool［彼がかっこいいということ］という名詞のような「まとまり」になり、大きな文のなかで S や O として機能するのです。この that はよく省略され、姿を隠します。

このように小さな sv が活躍することが、英語の文を長くする 1 つの要因でしょう。

Lesson 14　語句・文をつなぐ　135

> いくつかの語が集まって 1 つのはたらきをするのが英語の特徴です。【#366 の that he is cool もそうです。sv のある「まとまり」を「節」。the broken window ［壊れた窓］のように sv がない「まとまり」が句と呼ばれます。節も句も名詞、形容詞、副詞として活躍します。

18 think のところに…

suggest、propose といった「提案」「要求」などを表す V が来たり、また It is「判断・驚き・怒りの形容詞」の形になる場合には、that の節の v は原形（イギリス英語では should ＋原形 V）になります。

【#367】He suggested that the meeting (should) **be** postponed.
［彼は会議を延期するよう提案した］

【#368】It is surprising that he (should) **do** such a thing.
［彼がそんなことをするとは驚きだ］

「こんなところに原形が」と思ったら、これを思い出してください。

このパターンで that と同じ役割をするのが、次の❷と❸です。

❷ if / whether

if / whether は「～かどうか」という意味です。疑問文を別の文の一部として埋め込みます。

136

I don't know.［わたしはわからない］
Is he Jason?［彼はジェイソンですか？］
次のように、下の文が上の文の一部になります。

【#369】 I don't know **whether** he is Jason.
［彼がジェイソン**かどうか**私は知らない］

whether が 2 つの文のつなぎ役をしています。Is he が he is という順番になっていることにも注意しましょう。

❸疑問詞

埋め込む疑問文が疑問詞疑問文の場合、たとえば、Who is he?［彼はだれですか？］を I don't know につなげると、次のようになります。

【#370】 I don't know **who he is**.
［彼が**だれだか**私は知らない］

疑問詞がつなぎ役をします。別の文の一部になると VS が SV になりますね。

19 時制の一致

My girlfriend told me I **look** happy in spite of committing a blunder.
［ヘマをしたにもかかわらずうれしそうね、と彼女は僕に言った］
この文にはまちがいがあります。look ではなく、**looked** にしなければいけません。told に合わせて過去形になるのです。

Lesson 14　語句・文をつなぐ　137

「前の V に時を合わせる」と覚えておきましょう。

【#371】 My girlfriend told me I looked happy in spite of committing a blunder.

→ Exercise 14

日本語の意味になるように、（ ）に適切な語を入れましょう。

(1) That is (　　　) a natural disaster (　　　) a man-made one.
［あれは自然災害ではなく、人災だ］

(2) It is necessary to master (　　　) (　　　) English (　　　) (　　　) Spanish.
［英語だけではなく、スペイン語もマスターすることが必要です］

(3) (　　　) she (　　　) I knew about that accident.
［彼女もわたしもその事故のことを知らなかった］

(4) Let's wait (　　　) they come.
［彼らが来るまで待ちましょう］

(5) We kept quiet (　　　) (　　　) our daughter (　　　) concentrate on her study.
［娘が勉強に集中できるように静かにしていた］

(6) He is (　　　) tall (　　　) he can touch the ceiling.
［彼はとても背が高いので、天井を触ることができる］

(7) She is (　　　) a diligent woman (　　　) she is trusted by her boss.
［彼女はたいへん勤勉な女性なので、上司から信頼されている］

Lesson 14　語句・文をつなぐ

Lesson 15 情報をつけたす①
関係代名詞

→ Introduction

Lesson 14 で SV のセットが 2 つ以上ある文の構造を勉強しました。さてこのレッスンでは、また SV のセットが複数登場します。このレッスンでは「後づけ」—より説明をつけたしていく構造を学習します。実はこれは英語の得意技です。

(1) つなぎ役の who / which / that

I have **a sister**. / **She** is a pilot. この 2 つの文を一つの文にすることができます。

【#372】 I have a sister who is a pilot.
　　　　　［パイロットをしている妹がいます］

英語は後から情報をつけたしやすい言語です。このつけたし情報で役立つのは、who です。ここでは「誰が」という疑問詞ではありません。後ろの「つけたし文」の先頭で、前の語 a sister との「つなぎ役」をしています。She が who に代わって、a sister にぴったりとくっつき、a sister を明確にしています（修飾）。この who が関係代名詞と呼ばれます。

今度は、She is **the university graduate.** / We will hire **her.** をつなげましょう。

【#373】 She's the university graduate whom we'll hire.

［彼女はうちで雇う大学卒業生です］

ここで「つなぎ役」になるのは、her という目的語です。そこで who の目的格（目的語の形）の whom になります。そして明確にする（修飾する）語 the university graduate のすぐ後ろに来ます。

「つなぎ役」はそれぞれ元の文の形である「Ｓの形（主格）who」、「Ｏの形（目的格）whom」になるわけです。実際には、Ｏで who も使われます。

では、次はどうでしょう。

Animals are not happy. / **They** are in cages.

【#374】　Animals which are in cages are not happy.

［おりの中にいる動物は幸せではない］

今度「つなぎ役」をしているのは、which です。明確にする（修飾する）語が、人ではなく動物になっているからです。その語の後ろにぴったりとくっつくため、文の真ん中に入りこんでいますね。つまり最初の文の SOC、いずれもつけたし説明ができるのです。which は S、Ｏとも同じ which です。

This is **the dress**. / I'll wear **it** to the party.

【#375】　This is the dress which I'll wear to the party.

［これはパーティに着て行くドレスです］

さて、たとえばＳの形の I は、me というＯの形、もう

Lesson 15　情報をつけたす①　141

一つ my という所有の形を持っていました。この所有の形での「つけたし」もあります。

That is **the man**. / **His** daughter is a popular singer.

【#376】 That is the man whose daughter is a popular singer.

［あちらは娘さんが人気歌手の方です］

His が同じ所有格の whose になって「つなぎ役」です。つけたしをする名詞の種類、つけたす文のなかでの役割（格）によって「つなぎ役」は形を変えますね。整理しておきましょう。つけたし文の先に行く語を「先行詞」と呼んでいます。先行詞と「つなぎ役」の関係代名詞は離れません。

BOX 44《つなぎことば》

先行詞	主格	所有格	目的格
人	who	whose	whom　who
人以外	which	whose	which

この表以外に、that もつなぎ役をします。「人」でも「人以外」でも使えます。

【#377】 This is the hottest summer that we have had in twenty years.

［これは 20 年のなかでわたしたちが持った一番暑い夏だ→今年は 20 年ぶりの暑さだ］

ここでは先行詞に最上級の形容詞が付いています。all, every, any, no など特定の 1 つを表す語が先行詞に付いていると that が多く使われます。

20 つなぎことばの省略

ここで大事なことをおさえておきましょう。実は、つなぎ役はよく省略されます（^）。

【#378】 This is the cake ^ I baked.
［これはわたしが焼いたケーキです］
【#379】 I'm not the man ^ I used to be.
［わたしは以前のわたしではない］

先行詞 the cake や the man に、そのあとの I baked や I used to be というつけたしの SV がぴったりくっついている感じになります。この省略に気づかず、文の内容が取れなくなっている人が多くいます。ぜひ慣れて、見えないつなぎ役に気づくようになってください。

21 大過去

過去完了で勉強した had + 過去分詞の形は、完了・継続・経験の 3 つの用法以外で使われることがあります。関係代名詞が使われることが多いので、ここで勉強しましょう。

【#380】 I lost the ring which I **had received** last Christmas.
［この前のクリスマスに**もらった**指輪を**失くした**］

ここでは「もらった」と「失くした」という 2 つの過去のできごとがあります。当然「もらった」方が先です。2 つの過去にズレがある場合、古い方の過去に had + 過去分詞の形を使い

Lesson 15 情報をつけたす① 143

ます。接続詞の after や before がある場合は、それらがズレを示すので両方とも過去形でかまいません。

(2) , がつくとき

【#381】 I have a son, who is a nurse.

［息子が一人いるんだよ。看護師をしてるんだ］

これまで勉強してきた who の前に、，（カンマ）がついています。カンマがないときより、「つけたし」情報という感覚が強くなります。that の場合には、カンマがつくことはありません。また「ぴったりくっつく」感覚の「省略」もありません。カンマがつくことで 1 回そこで切れる感じがあるからです。

1 語ではなく、前文の内容をさす「, which」があります。リーディングではよく登場しますよ。
【#382】 He passed the exam, which surprised us all.
［彼が試験に合格した。**そのことは**私たち全員を驚かした］
which は前の文の内容全体です。

(3) what

【#383】 Did you understand what he said?

［彼の言った**こと**がわかりましたか？］

いままでの which や who とは少し違います。前にあるべき先行詞がありませんね。実はこの what には、先行詞が含まれています。大変便利な「もの」「こと」という意味の the thing(s) です。「彼の考えている**こと**」「彼女が作った**もの**」、日本語でもよく使われる表現です。

「～する'こと''もの'」となれば、名詞的な'まとまり'になりますから、SOC のいずれにもなれます。【#383】は O でした。次の【#384】は S、【#385】は C です。

【#384】　S
　　　　 What she orders for lunch varies from day to day.
　　　　［彼女がランチにオーダーする**もの**は日によって変わる］

【#385】　　　　　　 C
　　　　 That is what I have been trying to tell you.
　　　　［それがずっと君に言おうと思っていた**こと**です］

(4) 前置詞がつくとき

次の文には誤りがあります。This is **the apartment which she lives**.

2 つの文にしてみると、This is the apartment. / She

lives the apartment. となり、「アパートを住む」となってしまいます。必要なのは「アパートに」の「に」を表す in です。この in という前置詞をつなぎことば which の前に付けます。

【#386】 This is the apartment **in which** she lives.
　　　　　［これが彼女の住んでいるアパートです］
あるいは in は最後に置いたままでも大丈夫です。

【#387】 This is the apartment which she lives **in**.
そしてこの which も省略できます。よく使われる形です。

【#388】 This is the apartment she lives **in**.
また前置詞のついたつなぎことばには、次のような例もあります。

【#389】 We stayed in a beautiful hotel, the front **of which** faced the ocean.
　　　　　［わたしたちはきれいなホテルに泊まったのですが、**その**正面は海に面していました］
これは【#376】で登場した whose を使っても同じ意味になります。

【#390】 We stayed in a beautiful hotel, **whose** front faces the ocean.

> that には in などの前置詞はつきませんよ。

(5) その他の関係代名詞

「これが？」と思うような語が、関係代名詞のようにはたらくときがあります。リーディングでは登場しますので、おさえておきましょう。

【#391】 We had expected **as** many visitors **as** came.

[予想**通りの**来客があった]

【#392】 There is **more** space **than** is needed.

[必要**以上の**スペースがある]

2語のコンビネーションで使われていますね。次は否定の意味を含む but です。

【#393】 There is not one **but** believes that taxes will be reduced.

[減税されると信じて**いない**人はいない→誰もが減税を信じている]

(6)'きまった'表現

【#394】 Reading **is to** the mind **what** food **is to** the body.

[読書と精神**の関係は**、食べ物と体**の関係と同じである**]

A is to B what C is to D. で、「AとBの関係はCとDの関係と同じである」となります。

Lesson 15　情報をつけたす①　147

【#395】 She is what is called a self-help woman.
　　　　［彼女は**いわゆる**自立した女性である］

【#396】 He is tyrannical and what is more, cruel.
　　　　［彼は専制的で、**おまけに**残虐である］

【#397】 What with work and all, I haven't had time to relax.
　　　　［仕事**やら**何**やらで**、くつろぐ暇がない］

もうすぐ400！
覚えた例文は
声に出してアウトプット♥

→ Exercise 15

日本語の意味になるように、(　)に適切なつなぎことばを入れましょう。

(1) Alfred Nobel is the man (　　　) invented dynamite.
［アルフレッド・ノーベルはダイナマイトを発明した人です］

(2) She is the girl (　　　) I'll marry.
［彼女がわたしの結婚する女性です］

(3) We are eating in the restaurant (　　　) is on the ninth floor.
［9階にあるレストランで食事をしています］

(4) This is the dress (　　　) my father bought for me.
［これは父がわたしに買ってくれたドレスです］

(5) Look at that house (　　　) roof is red.
［屋根の赤いあの家を見てください］

(6) This is the most beautiful bird (　　　) I have ever seen.
［これは今まで見たなかで一番きれいな鳥です］

(7) The man (　　　) (　　　) she is talking is the president of this company.
［彼女の話しかけている男性がこの会社の社長です］

(8) I don't believe (　　　) you've just said.
［あなたが今言ったことは信じられない］

Lesson 15　情報をつけたす①

Lesson 16 情報をつけたす②
関係副詞

→ Introduction

つなぎことば which / who / whose / that などを使って、情報をつけたす文構造を学習しました。この仲間のつなぎことばは実はまだあります。このレッスンでは where / when / why / how などが疑問詞ではなく、つなぎことばとして登場します。その使い方をしっかり理解しましょう。

(1) つなぎ役の where / when / why / how

まず【#386】の例文に再登場してもらいます。

【#386】 This is the apartment **in which** she lives.
　　　　［これが彼女の住んでいるアパートです］

ここで in which を 1 語で表すことができます。それは where です。

【#398】 This is the apartment **where** she lives.

「どこに」という疑問詞ではありません。which と同じ「つなぎことば」として働きますが、「〜に」という意味の in も含まれているわけです。先行詞が the apartment という場所なので、where を使います。

先行詞が「時」であれば、

【#399】 January 2nd is the day **when** Jason was born.
　　　　［1 月 2 日はジェイソンが生まれた日です］

BOX 45《場所や時のつなぎことば》

where：場所　　when：時　　why：理由　　how：方法

whereとwhenには、前にカンマがついて「つけたし」がよりはっきりする場合もあります。

この４つのつなぎことばは、先行詞とつなぎことばの関係がとてもあきらかですので、先行詞あるいはつなぎことばのいずれかが省略されることがあります。

【#400】　That's **where** she's wrong.
　　　　　［そこが彼女が間違っているところです］

先行詞はthe placeでしょうが、不要ですね。

とくにwhy、howは以下のようにふつうどちらかが省略されて使われます。

【#401】　Do you know **the reason (why)** we can't get along with him?
　　　　　［なぜ私たちが彼とうまくやっていけないかわかりますか？］

【#402】　That is **(the reason) why** I turned down his proposal.
　　　　　［そんなわけで私は彼の提案を断った］

【#403】　You must learn **(the way) how** you should speak to your elders.
　　　　　［年上の人に対する話し方を学ばなければい

けません］
【#404】 I was surprised by **the way (how)** the movie ended.［映画の終わり方に驚いた］

(2) -ever

今度は、これまで勉強した who / which / what / where / when / how に ever がついた形を学習しましょう。
BOX 46 が -ever の一覧です。

BOX 46《-ever 一覧》

whoever	だれでも	だれが/を/に〜しようと
whichever	どれでも	どれが/を/に〜しようと
whatever	なんでも	なにが/を〜しようと
wherever	どこでも	どこで/に〜しようと
whenever	いつでも	いつ〜しようと

では、一つ一つ例文で確認し、-ever に慣れましょう。
【#405】 Bring **whoever** you want to the party.
　　　　［来てほしい人を**だれでも**パーティに連れてきてください］
【#406】 **Whoever** you ask, the answer will be the same.
　　　　［**だれに**聞こう**と**、答えは同じでしょう］
【#407】 Please select **whichever** you want.
　　　　［欲しいものを**どれでも／どちらでも**選んでください］

152

【#408】 Whichever you choose, you'll never regret it.
[**どれを／どちらを**選ぼう**と**、後悔しないでしょう]
【#409】 I'll do whatever you tell me to do.
[あなたがやれということは**なんでも**しましょう]
【#410】 Whatever you do, it's none of my business.
[あなたが**なにをしようと**、わたしには関係ありません]

whatever には単なる強調の使い方もあります。

【#411】 No problem whatever.
[**まったく**問題ありません]
【#412】 You can take this portable TV wherever you go.
[このポータブルテレビは、どこでも持っていけます]
【#413】 Wherever you live, you can now study online.
[**どこに**住んでいよう**と**、オンラインで勉強できます]
【#414】 I'll drive you home whenever you want.
[お望みのときに**いつでも**家まで車で送ります]
【#415】 Whenever you come, I am glad to see you.
[**いつ**おいでになろう**と**、喜んでお会いします]

Lesson 16　情報をつけたす②

もう1つ、however があります。接続詞のレッスンで勉強した「しかし」とは別です。

【#416】 However you do it, the result is the same.
［**どのような方法で**しても、結果は同じです］

【#417】 You have to finish your paper however long it takes.
［**どんなに**時間がかかろうと、レポートを終えなければならない］

【#417】のように、however のあとに副詞や形容詞が来て、「たとえどんなに〜であろうと」という意味になります。

BOX 47《2種類の however》

| however | どのように〜しても |
| however 副詞／形容詞 | どんなに〜であろうと |

22 「〜しようと」の -ever

BOX 46 の右側「〜しようと」の表現には no matter を使うこともできます。

whoever	=	no matter who …
whichever	=	no matter which…
whatever	=	no matter what…
wherever	=	no matter where…
whenever	=	no matter when…
however	=	no matter how 副詞／形容詞

【#408】の Whichever you choose, you'll never regret it. は、次のようになります。
↓
【#418】 **No matter which** you choose, you'll never regret it.

Exercise 16

日本語の意味になるように、（　）に適切な語を入れましょう。

(1) This is the building (　　　　) he works.
[これは彼が働いているビルです]

(2) That was the time (　　　　) disco was popular.
[それはディスコの人気があったころだった]

(3) That is (　　　　) she left the company.
[だから彼女は退社した]

(4) The (　　　　) he talks is attractive.
[彼の話し方は魅了的ですね]

(5) (　　　　) comes is welcome.
[来る人はだれでも歓迎です]

(6) Please take (　　　　) one you like.
[好きなものどれでも持っていってください]

(7) Please pay for (　　　　) you break.
[こわしたものはなんでも弁償してください]

(8) (　　　　) you are, remember me.
[どこにいようとも、わたしのことを覚えていてください]

(9) We can go shopping (　　　　) you want.
[行きたいときにいつでも買い物に行けます]

(10) No matter (　　　　) hard I try, I cannot change her mind.
[どんなに一所懸命頑張っても、彼女の決心を変えらえない]

Lesson 17 情報をつけたす③
分詞構文

→ Introduction

Lesson 15、16 で、「つなぎことば」を使って「つけたし情報」の仕方を勉強しました。このレッスンでは、つなぎことばを使わずに、Lesson 5 で学んだ分詞を使って情報をつけたします。

(1) つなぎ役の分詞

【#419】 The rocket took off, head**ing** for outer-space.

［大気圏外空間をめざしながら、ロケットは離陸した］

ある動作（took off）と同時に起こっている動作・状態を分詞［-ing］で表せるのです。簡単に言うと、「ながら」です。さらに「とき」や「理由」の意味を持つときもあります。

【#420】 **Being** young, I was very energetic.

［若かった**ので**、とても精力的だった］

これは次の文と同じ意味です。

【#421】 **As** I was young, I was very energetic.

書かれなくても推測のつく接続詞や、重複するＳをカットし、分詞によってコンパクトにまとめるわけです。

では、次の文を分詞を使ってコンパクトにしてみましょう。

【#422】 When the boy was left alone, he began to cry.
［ひとりにされると、男の子は泣き始めた］
when がなくなり、was が being になります。さらに、過去分詞の前の being はよく省略されます。そこで以下の文ができあがります。

【#423】 （Being）Left alone, the boy began to cry.
このように過去分詞で始まる文もあります。

> つけたし情報を提供する分詞の部分は、中心の文の前に来たり、文中に入りこんだり、後ろに来たりします。次の文では、カンマにはさまれて文中に入りこんでいます。
> 【#424】 This train, **starting** at one, arrives in Yamagata at four.
> ［この電車は、1時に出発**し**、4時に山形に着きます］

(2) 'ズレ' を表す

さて、【#421】の文にもう一度注目しましょう。

【#421】 As I was young, I was very energetic.
S は同じで、V は同じ過去形、前後とも肯定文です。これらに「ズレ」がある場合は、そのズレを示します。

❶Sのズレ

【#425】 As it was very cold, I wore a heavy coat.
[とても寒かったので、厚手のコートを着た]

ここではSがちがいます。そういうときは、分詞の前にSを置くだけです。

【#426】 It being very cold, I wore a heavy coat.

❷時のズレ

【#427】 Since I had broken the vase, I bought a new one.
[花瓶を壊してしまったので、新しいのを買った]

「壊す」方が「買う」より古く、時がズレていますね。時のズレを表してくれるのは、いつも have ＋過去分詞の形でした。ここでは -ing にします。

【#428】 Having broken the vase, I bought a new one.

❸肯定と否定のズレ

【#429】 As I didn't attend the meeting yesterday, I didn't hear about the decision.
[昨日会議に出なかったので、決定について聞かなかった]

attending にしてしまうと、肯定になってしまいます。

Lesson 17 情報をつけたす③　159

そこで先頭に not をつけます。

【#430】 **Not** attending the meeting yesterday, I didn't hear about the decision.

23 with と組んで

with＋名詞＋分詞 のかたちでも、情報をつけたすことができます。

with tears **running** down　　with my legs **crossed**

「名詞を□の状態にしながら」と、with が「ながら」の役割をします。現在分詞か過去分詞かは、名詞との関係が「する」か「される」かを考えます。「涙は流れる」（能動的）、「足は組まれる」（受動的）となります。この「する」「される」による現在分詞と過去分詞の使い分けはしっかりおさえておきましょう。

(3) 'きまった' 表現

この分詞を使った表現には、'きまった' 言い方があります。しっかり覚えましょう。

【#431】 **Strictly speaking**, this is a mistake.
　　　　［**厳密に言うと**、これは誤りです］

【#432】 **Generally speaking**, the first year at a new job is the most difficult.
　　　　［**一般的に言うと**、新しい仕事の一年目はもっとも大変です］

【#433】 **Talking of** movies, did you watch the Oscars last week?

［映画と言えば、先週アカデミー賞授与式を見ましたか？］

【#434】 Judging from your appearance, you drank too much last night.
［見た感じからする（判断する）と、昨夜飲みすぎましたね］

【#435】 All things considered, you were lucky that you were not fired.
［あらゆる点を考慮すれば、解雇されなかったあなたは幸運です］

分詞から接続詞や前置詞になったものもあります。

【#436】 You can stay here providing you work.
［働くのなら、ここにいてもいいですよ］

【#437】 I cancelled the trip to Europe, seeing that I was running out money.
［お金が足りなくなっていたので、ヨーロッパへの旅行をキャンセルした］

【#438】 According to his research, it is wrong.
［彼の調査によれば、それは間違っている］

【#439】 I know nothing regarding the lost money.
［なくなったお金のことは、なにも知りません］

Exercise 17

下線部に気をつけて日本語に訳してみましょう。

(1) <u>Smiling</u> brightly, he extended his hand. (brightly[明るく], extend[差し伸べる])

_____

(2) <u>Pacing</u> nervously, she waited for the examination results to be posted. (pace[歩く], nervously[不安そうに], post[掲示する])

_____

(3) Lightning struck the house, <u>causing</u> it to catch on fire. (lightning[雷])

_____

(4) <u>Strolling</u> through the park, I heard my name called. (stroll[散歩する])

_____

(5) <u>Frightened</u> by the sound, she called the police. (frighten[怖がらせる])

_____

Lesson 18 事実ではないことを述べる
仮定法

→ Introduction

「事実ではない」ことを考えることがあります。たとえば、「鳥になって飛びたいなあ」「あの時もっと勉強しておけばよかったあ」というように。英語では「事実ではない」ことを表す方法があります。キーワードは「一つ古い時制を使う」です。それによって「事実」と一線を画すのです。このレッスンではその表現を学習します。

(1) 現在の事実に反して—仮定法過去

さて、現在の事実をひっくり返してみましょう。

【#440】 If I were a bird, I could fly to you.
　　　　［**もし**鳥**なら**、あなたのところに飛んでいく**のに**なあ］

現実は「鳥ではないから」、飛んでいけません。If の中には be V の過去形（was も使われますが、このように were がよく使われます）があり、うしろには can の過去形の could があります。現在の事実であるのに、if のなかには V の過去形、そしてうしろの文には助動詞の過去形である would / could / should / might などが来ます。このように「一つ古い時である過去」を使い、事実と区別するのです。

Lesson 18 事実ではないことを述べる　163

(2) 過去の事実に反して─仮定法過去完了

次は過去の事実をひっくり返します。

【#441】 If I had studied harder, I could have passed.

［(あのとき) もっと頑張って勉強**していたなら、受かっていただろうな**］

「頑張りが足りなくて、受からなかった」という事実があるわけです。過去の事実であれば、一つ古い「過去完了」を使うわけです。If 節には had＋過去分詞、うしろは助動詞の過去形＋have＋過去分詞となります。頭のなかで「あのとき」と入れると、仮定法過去完了は日本語に訳しやすくなります。

＜かたち 10　仮定法＞

1　仮定法過去（現在の事実）
If＋S＋過去形、S＋助動詞過去形＋原形 V
2　仮定法過去完了（過去の事実）
If ＋ S＋had＋過去分詞、
S＋助動詞過去形＋have＋過去分詞

この形をつかった'きまった'表現を一つ覚えておきましょう。

【#442】 If it were not for the support of my parents, I could not attend college.

［親の支援**がなければ**、大学に行けないだろう］

【#443】 <u>If it had not been for</u> your leadership, we couldn't have survived.

［(あのとき) あなたのリーダーシップ**がなかったなら**、生き残っていなかっただろう］

「～がなければ」「(あのとき) ～がなかったなら」というのはよく使う表現ですね。そこで英語でも'きまった'言い方があるわけです。下線部を Without、But for に替えても同じ意味を表せます。

【#444】 **If I had not taken the wrong bus, I would be there now.**
［バスをまちがえていなかったら、今頃そこにいるのに］
このように if の部分には「仮定法過去完了 (過去の事実)」、後ろには「仮定法過去 (現在の事実)」というミックスもありますよ。

24 ありえなさそうな未来の仮定

【#445】 If anything **should** happen to you, I would be responsible.
［万が一なにかがあなたに起こったら、わたしが責任を持ちます］
このように if のなかに should が入ると、「万が一」という意味合いになり、未来の実現可能性が低い仮定を表します。should ではなく、were to が使われる場合もあります。意味は

Lesson 18 事実ではないことを述べる 165

ほぼ同じです。またこの表現では、Should anything happen to you のように、if が省略されて should / were と S が入れ替わる（倒置）こともあります。この倒置は should / were / had のときだけに起こります。

（3）if を意味する語（句）

（1）（2）では、if で始まる仮定法の基本的な形を学習しました。次は if がこめられている表現を覚えましょう。

❶ otherwise という語が、前文の内容をひっくり返して、条件をつくります。

【#446】 I am glad I went to the party, **otherwise** I wouldn't have met you.

［パーティに行ってよかった。**そうでなければ**あなたに会っていなかっただろう］

❷ 副詞的なはたらきの語句と and が条件をつくります。

【#447】 Five minutes later, and we would not have made our flight.

［5分遅れていたら、飛行機に乗れていなかっただろう］

❸ 分詞が条件になります。

【#448】 The same thing, **occurring** in America, would cause a lot of lawsuits.

［同じことが、もしアメリカで**起きたら**、多くの訴訟になるだろう］

occurring は occur の現在分詞です。
❹ to V が if の代わりをします。
【#449】 To hear him speak, you would take him for a politician.
　　　　［彼が話すのを聞い**たなら**、政治家だと思うだろう］（take〜for…［〜を…と思う］）
❺ 名詞だけで条件を表すこともあります。
【#450】 An honest man would have taken the wallet to the police.
　　　　（正直な人**なら**警察に財布を届けていただろう）

下線の部分が「事実ではない」というサインを送ります。隠れた if、そしてその隠れ方を知っておきましょう。would like to「〜したい」のような表現も「もしできたら〜」というような「隠れた」if があり、丁寧な表現になります。

(4)「事実ではない」ことを表す他の表現

❶「むしろ〜したほうがよいと思う」— would rather
【#451】 I'd rather you told the manager about your concerns.
　　　　［むしろマネージャーにあなたの心配事を言**ったほうがいいでしょう**］

told は tell の過去形です。これは現在の事実とは異なるか

ら使われている過去形なのです。

❷「〜ならなあ」ー I wish

【#452】 I wish I could go with you to France.
[あなたといっしょにフランスに行け**たらなあ**]

過去に実現しなかったことも、願うことができます。

【#453】 I wish I could have met you ten years ago.
[10 年前にあなたに会って**いたならなあ**]

I wish の部分に **if only** を使うこともできます。

❸「まるで〜のように」ー as if / as though

【#454】 He speaks as if he knew everything.
[**まるで**なにもかも知っている**かのように**彼は話す]

過去のことも言えます。

【#455】 They looked as if they had seen a ghost.
[**まるで**幽霊を見た**かのよう**だった]

as though も同じように使えます。

❹「もう〜する時間ですよ」ー It's time

【#456】 It's time you went to bed.
[**もう寝る時間**ですよ]

まだ「寝ている」という事実はないのです。そこで went が使われています。英語では、「事実」と「事実ではない」ことを V の「時」でしっかり区別するわけですね。

最後に'きまった'表現を一つ覚えて、このレッスンを

168

終わりにしましょう。

【#457】 She is, as it were, a living computer.
［彼女は、**いわば**生きているコンピュータだ］

Exercise 18

(1)～(10) の (   ) に入る適切なものを A)～D) より選びましょう。

(1) If they (   ) some money, they wouldn't have been able to take a vacation.
   A) wouldn't have saved   B) hadn't saved
   C) isn't saved   D) weren't saved

(2) If I (   ) millions of dollars, I could afford to retire.
   A) would win   B) won
   C) will win   D) have won

(3) We (   ) had to stay at home all weekend, if you hadn't spent all our money on gambling.
   A) hadn't have   B) didn't
   C) have   D) wouldn't have

(4) If only I (   ) to visit him, I would be able to explain everything.
   A) were able   B) are able
   C) could   D) had been able

(5) Without your donations, we (   ) to close the homeless shelter.
   A) had   B) were able to
   C) wouldn't have had D) would have had

Lesson 19 いろいろな否定

→ Introduction

「否定」にもいろいろあります。「まったく〜でない」と完全に否定したり、「ほとんど〜でない」と100％は否定しなかったりと。このレッスンでは、英語での否定表現を整理し、使いこなせるようにしましょう。

(1)「〜ではない」

【#458】 She did **not** take over her father's company.
　　　　［彼女は父の会社を継が**なかった**］

not に関して2点、注意しておきましょう。英語にはnot をできるだけ前に出すという原則があります。

【#459】 I **don't** think he can cope with the difficult situation.
　　　　［彼はその難しい状況に対処でき**ない**と思う］

英語では think の部分を否定にしています。
また次のように省略されます。

【#460】 Do you have change for a dollar?
　　　　［1ドルでおつりはありますか？］
　　　　I'm afraid **not**.
　　　　［すみませんが**ありません**］

省略しなければ、We don't have change for a dollar. ですが、同じ部分は繰り返さず not だけを残します。I'm

Lesson 19　いろいろな否定　171

afraid には「残念ですが、すみませんが」という思いが入ります。

(2)「まったく〜ではない」

no が名詞の前について、文を完全に否定します。

【#461】 There are **no** clouds in the sky.
　　　　［空には雲**一つない**］

さらに no は他の語と組み合わさって、完全な否定語も作ります。body に付くと、

【#462】 **Nobody** could agree with his proposal.
　　　　［**だれも**彼の提案に賛成でき**なかった**］

nothing［なにも〜でない］、nowhere［どこにも〜でない］、none［だれも〜でない、なにも〜でない］などがあります。

(3)「〜とはかぎらない」

not＋100％語で表現します。100％語とは、always や both のような語です。これらが否定文で使われると、

【#463】 The wealthy are **not always** happy.
　　　　［金持ちが**必ずしも**幸福**とはかぎらない**］

「必ずしも〜でない」「いつも〜とはかぎらない」のように、「そうでない場合もある」という部分的な否定を表せます。

BOX 48《100% 語句》

both［両方］　　all［すべて）　　every［いずれも］
quite / altogether［まったく］
exactly / necessary［必ず］　　fully / completely［完全に］

(4)「ほとんど〜ではない」

no のように「完全」ではないけれど、「ほぼ」否定します。

【#464】　I seldom see him.
　　　　　［彼には**めったに**会わ**ない**］

「ほとんど」否定されていますが、「まったく」否定されてはいません。

BOX 49《ほとんど〜でない》

few　little　hardly　scarcely
barely　rarely　seldom

Lesson 19　いろいろな否定　173

25 否定が豊かな表現をつくり出します

(1)【#465】 She is by no means a specialist on Japan.
［彼女は**けっして**日本についての専門家**などではない**］

(2)【#466】 We never meet without parting.
［別れること**なしに**出会うこと**はない**→出会いに別れはつきもの］

never はマイナス、without もマイナス、(－)＋(－)＝(＋) になります。

(3)【#467】 I cannot thank you for your hospitality too much / enough.
［あなたの親切に感謝**しすぎることはない**→いくら感謝しても足りない］

(4)【#468】 It was not until I got home that I remembered I left my cell phone at the restaurant.
［家に帰**るまで**レストランに携帯電話を忘れたことを思い出さ**なかった**→家に帰っ**てはじめて**気づいた］

(5)【#469】 It's too cold to walk the dog today.
［今日は犬を散歩させ**るには**寒**すぎる**］

(6)【#470】 She is far from / anything but innocent.
［彼女は**まったく潔白ではない**］

(7)【#471】 He is the last man to betray his friends.
［彼は友人を裏切るような人間では**けっしてない**］

174

→ Exercise 19

否定語に気をつけて日本語に訳してみましょう。

(1) I have **no** money.

(2) It is **no** hard job.

(3) **None** were left when I came.

(4) I have**n't** read **both** articles. (article [記事])

(5) Elderly people are **not necessarily** frail. (frail [虚弱な])

(6) The president **scarcely** knows me.

(7) They never meet **without** talking about their children.

(8) She is **the last person to** give advice on studying.

(9) I think my grandfather is **too** old **to** drive.

(10) My presentation was **far from** being a success.

Lesson 19　いろいろな否定　175

Lesson 20 いろいろなスタイル
倒置・強調・省略・挿入

→ **Introduction**

文にもいろいろなスタイルがあります。それぞれに何らかの効果を持っているので、実際の英文を読む際に、とても重要になってきます。このレッスンの学習目標は、それらの文の形、その特徴などを学習していきます。

(1) 入れ替える

SとVの順番が入れ替わります。どのようなときに起こるのか、順に見ていきましょう。

❶否定のことばの強調

【#472】　Never have I heard such nonsense.
　　　　　［こんなばかげたことは聞いた**ことがない**］

「これまでにない」ということを強調したければ、前に出します。最初に never と来れば、インパクトがあります。しかし、never が飛び出したために、I have heard が have I heard になっています。be Vや助動詞などの場合は単純に入れ替えますが、一般Vの場合には、do / does / did を使って入れ替えします。

【#473】　Little did I dream that such a thing would happen.
　　　　　［そんなことが起ころうとは夢にも思わ**なかった**］

not, never 以外に、seldom, rarely, only, not only, not until などが強調されることがあります。

副詞や形容詞が強調されることもあります。下線部を見ると、SV が VS になっていますね。

【#474】 Not a single cent can you spend on candy.
　　　　［1 セントだってキャンディーには使えませんよ］

【#475】 Up went the balloon.
　　　　［上空へと風船は上がっていった］

【#476】 Among the speakers was my former professor.
　　　　［講演者のなかに、私の以前の教授がいました］

【#477】 So hopeful is the outlook that they plan to hire more college graduates.
　　　　［見通しがとても明るいので、彼らは大卒者をより多く採用する計画だ］

【#478】 Happy are those who are humble.
　　　　［幸福なのはつつましき人々である］

❷ 'きまった' 言い方

【#479】 If you don't go, neither do I.
　　　　［あなたが行かないなら、わたし**も**行か**ない**］

【#480】 The price was high, nor was the quality good.
　　　　［値段は高ったし、質**も**よく**なかった**］

【#481】 My parents are vegetarians, so am I.
　　　　［両親はベジタリアンで、わたし**もそうです**］
【#479】を見るとわかるように、一般動詞のときは、do / does / did を使い、同じ動詞（go）を繰り返しません。

(2) 強調する

強調にはいろいろなテクニックがあります。

❶ it is / was ～ that / who… を使って「…する／したのは～だ」

【#482】 Dan hit on this solution to the problem.
　　　　［ダンがその問題へのこの解決策を思いついた］
これはとくに強調される部分のない平坦な表現です。では、「ダン」を強調してみましょう。

【#483】 It is Dan that / who hit on this solution to the problem.
　　　　［その問題へのこの解決策を思いつい**たのは**ダン**なんだ**］
「ダン」が浮かび上がってきました。強調したいものを～に入れ、残りは that / who のあとに並べるだけです。

❷ 助動詞 do / does / did を使って（⇒【#155】）
【#484】 You do look handsome in that dark-blue suit.

［その紺のスーツ着ると、**本当に**かっこよく見えますね］

❸強調のことばを使って

veryは形容詞や副詞の前に置いて、very handsome（とてもハンサム）というように使います。ここでは the / this / that などをつけて名詞の前に置きます。

【#485】 It was at that very restaurant that I first met your father.

［あなたのお父さんにはじめて会ったのは、**まさに**そのレストランでだった］

restaurant という名詞の前に置き、「まさに」と restaurant を強調します。

また形容詞や副詞は以下のことばを使って、強調できます。

BOX 50《形容詞／副詞の強調》

とても	very, awfully, really, terribly など
まったく	completely, quite, absolutely, definitely, simply, badly, dead, fast, sound, wide

【#486】 I'm really sorry to have forgotten your birthday.
　　　　［誕生日を忘れてしまって、**本当に**ごめんなさい］
【#487】 She was absolutely wrong about that.

Lesson 20　いろいろなスタイル　179

　　　　　［彼女はそのことに関して**まったく**まちがっ
　　　　　ていた］
【#488】　Tom was dead tired last night and fell
　　　　　fast / sound asleep on the couch.
　　　　　［トムは昨夜疲れ**はてて**いて、ソファーで**熟
　　　　　睡**した］
また「否定の強調」は、
【#489】　I am not concerned at all.
　　　　　［わたしは**まったく**心配して**いない**］
のように、否定文に at all をつけることで「まったく〜で
ない」と表すことができます。

(3) 省く

　日本語でも「言わなくてもわかること」は省きます。英
語でもどのような語が省かれるのか見ていきましょう。
【#490】　This year's festival was better than last
　　　　　year's (festival).
　　　　　［今年のフェスティバルは去年のよりよかった］
【#491】　Some like coffee, others (like) tea.
　　　　　［コーヒーが好きな人もいれば、お茶の人も
　　　　　います］
【#492】　The opera made her cheerful, (it made)
　　　　　me sleepy.
　　　　　［そのオペラは彼女を元気にした。そして僕

を眠くした］

【#493】 Our guests arrived later than (they had been) expected.
［お客さんは思っていたより遅く到着した］

【#494】 I didn't talk to her, because I didn't want to (talk to her).
［彼女に話しかけなかった。したくなかったから］

（　）の部分が省略されています。

【#495】 (I) Beg your pardon.
［もう一度お願いします］

【#496】 (It's a) Shame you couldn't go dancing with us.
［あなたがわたしたちといっしょにダンスに行けなくて残念です］

【#497】 He seldom, if ever (if he ever does), drives at night.
［彼はまず夜に運転することはない］

(4) 入れる

文の途中に入り込む表現があります。例文のなかで確認しましょう。

【#498】 It's absolutely terrible, I think, that there have been so many traffic accidents there.

Lesson 20　いろいろなスタイル　181

［まったく恐ろしい**と思いますよ**、あそこであんなに多くの交通事故があったのは］

【#499】 He plans to accept a job, **it seems**, with a company in California.
　［彼はカリフォルニアの会社の仕事を受けるつもり**のようだよ**］

　「〜と思う」や「〜のようだ」という表現が、英語では文中に入り込んでいます。上の例では両方とも先頭に出すこともできますが、ここでもまた後づけという英語の特徴が表れています。

　副詞が後づけされることもあります。

【#500】 Our country's leaders, **naturally and rightly**, should focus on stability and prosperity.
　［わが国のリーダーは、**もちろん当然のことながら**、安定と繁栄に焦点を合わせなければならない］

Congratulations!

→ Exercise 20

日本語に訳してみましょう。

(1) Only on one point do I agree with you. (agree [賛成する])

(2) If she doesn't go, neither do I.

(3) My wife is a soccer fan, so am I.

(4) I have never seen her, nor even heard of her.

(5) It was yesterday that I met Jason in the park.

(6) Do stop talking.

(7) This very day he leaves for Mars. (Mars [火星])

(8) I'm not satisfied with the result at all. (satisfied [満足する]、result [結果])

(9) Some like beer, others sake.

(10) Mr. Miller, it seems, has some trouble. (trouble [困っていること])

実用会話表現集

　各レッスンで学習した文法項目（例　Lesson 1 → Short Conversation 1）を使ってこんなに実用的な表現ができます。覚えて実際に使ってみましょう。

Short Conversation 1

Mary: 　Mr. Uchida, thank you **for inviting** me to your home for dinner. Am I early?

Cappy: 　No, you're **right on time**. Thanks for coming. Call me Cappy. That's my nickname.

Mary: 　Cappy, I **brought** you a bottle of red wine. You like wine, don't you?

Cappy: 　I love wine. And, we're having spaghetti tonight, so red wine is perfect.

メアリー：ディナーに招待してくれてありがとうございます、内田さん。早かったかしら？

キャピー：いや、時間どおりだよ。ようこそ。キャピーって呼んでください。ぼくのニックネームです。

メアリー：キャピー、赤ワインを一本持ってきました。お好きですよね？

キャピー：大好きです。今夜はスパゲティだから、赤ワインはパーフェクトですね。

Short Conversation 2

Judy: Hi, how are you doing?

Amy: I'm fine. Judy, **did** you feel that earthquake last night?

Judy: No, I think I **drank** too much last night. I **was sleeping** on the sofa when it happened. I didn't feel a thing.

Amy: Really? I **was taking a bath** at the time. The water **shook**, and a mirror **fell** off the wall. Luckily, it **didn't** break.

ジュディ：どう元気にしてる？

エイミー：うん。ところでジュディ、ゆうべの地震気づいた？

ジュディ：ううん、ゆうべは飲みすぎちゃったかな。地震が起きたときは、ソファーで寝ていて、何も感じなかった。

エイミー：本当？わたしはその時お風呂に入ってた。水が揺れて、鏡が壁から落ちたの。運よく壊れなかったけど。

Short Conversation 3

Mother: Where **are** you go**ing**?

Son: I'**m** go**ing to** go skating with Jason and Tom.

Mother: When **will** you come back home?
Son: I'm not sure. We**'ll be** skat**ing** for a couple of hours, and then we**'ll** go get something to eat for lunch. I think I**'ll** come back around 4 o'clock.

母：どこに行くの？
息子：スケートに行くんだよ、ジェイソンとトムとね。
母：いつごろ戻る？
息子：はっきりわからないけど、2、3 時間滑って、昼に何か食べて……4 時くらいには帰るよ。

Short Conversation 4

Father: What are you doing up so late?
Daughter: I**'ve just finished** watching the latest Harry Potter DVD in 3D. **Have you seen** it?
Father: No, **not yet**. **I've seen** most of the other movies though. How was it?
Daughter: It was great! I **hadn't expected** the quality to be so good. The images seem to leap off the screen! In the future, people **will have forgotten** all about 2D.

父：こんな遅くまで何してるの？
娘：今、3D でハリー・ポッターの DVD を見終わったと

ころ。お父さんは見た？
父：まだだよ。他の映画はほとんど見たけどね。どうだった？
娘：すごかった！質がこんなにいいとは思っていなかった。画像がスクリーンから飛び出しそう。将来、2Dのことなんかすっかり忘れちゃうだろうね。

Short Conversation 5-1──過去分詞に注目して

Anne: I went to the site of the World Trade Center. It **was filled** with tourists.

Jill: I **was shocked** when it **was destroyed** in the September 11 attacks. Did you know that the World Trade Center **was designed** by a Japanese-American **named** Minoru Yamasaki?

アン：世界貿易センターの跡地に行ったんだ。観光客でいっぱいだったよ。

ジル：9月11日に破壊されたときはショックだったね。世界貿易センターってヤマサキミノルっていう日系アメリカ人によってデザインされたって知ってた？

Short Conversation 5-2──現在分詞に注目して

Husband: You're late! It's already 5:30. We're supposed to meet the Johnson's at the restaurant by 6:00.

Wife: I'm sorry to be late. After lunch I **went shopping** at the mall and I met an old friend. We had a cup of coffee and **sat talking** for hours.

Husband: Well, it's not good to **keep** people **waiting**. You should pay more attention to being on time.

夫：遅いよ！もう 5 時半だよ。レストランでジョンソン夫妻と 6 時に会うことになってるんだよ。

妻：遅れてごめんね。ランチの後で、ショッピング・モールに買い物に行ったら、昔の友達に会って。コーヒーを飲んで、何時間も座って話していたの。

夫：人を待たせるのはよくないよ。遅れないようにもっと気をつけなきゃ。

Short Conversation 5-3 ── 感覚・使役 V に注目して

Passenger: Excuse me, I'm Steve Jensen. I **heard** my name **called**.

Baggage Attendant: I'm sorry Mr. Jensen, but your check-in bag was put on a different plane and will arrive here this evening.

Passenger: I have to be downtown for a meeting in an hour. Can I **have** it **sent** to my hotel?

Baggage Attendant:　Yes, I'll **have** one of our staff members **take** it to your hotel tomorrow morning.

乗客：　すみません、スティーブ・ジェンセンです。名前を呼ばれたのですが。

荷物係：申し訳ありませんジェンセンさん、あなたのチェックインした荷物は別の便に乗せられ、今晩ここに着くようです。

乗客：　１時間後に会議で街まで行かなければなりません。ホテルまで送ってもらえますか？

荷物係：はい、うちのスタッフに明日の朝、ホテルまで届けさせます。

Short Conversation 6

Gary:　What's in the bag?

Alex:　Cat food. I've decided **to get** a pet. Cindy's cat had kittens, and she **encouraged me to take** one.

Gary:　I'd **advise you to reconsider.** It's a lot of work **to take care of** a pet.

Alex:　I know, **to tell the truth**, I am a bit nervous.

ゲーリー：　カバンに何が入ってるの？

アレックス：キャットフード。ペットを飼うことにしたんだ。シンディの猫が子どもを産んでね、ぼく

に 1 匹持っていくよう勧めたんだよ。
ゲーリー： 考え直したほうがいいと思うよ。ペットの世話は大変だよ。
アレックス：うん、実を言うとちょっと不安。

Short Conversation 7

Karen: Tell me about your new boyfriend!

Brittany: Well, he likes **hiking** and **fishing**. He spends a lot of time **camping** in the mountains.

Karen: But you hate **fishing**! You enjoy **shopping** and **watching** movies. I **cannot help thinking** that there will be problems.

Brittany: **There's no denying** that it might be difficult, but I intend to try making it work.

カレン： 新しい彼の話、聞かせて。
ブリタニ：うん、彼はハイキングや釣りが好き。山でキャンプをして過ごすことが多いの。
カレン： でもあなた釣りは大嫌いよね。ショッピングや映画鑑賞は楽しんでいるけど。どう考えても問題になるわね。
ブリタニ：むずかしいというのは否定できないんだけど、うまくやろうと思ってる。

Short Conversation 8

Daughter: Mom, **can** I go to a movie with Pat?

Mother: Have you cleaned you room?

Daughter: Not yet. Can't I do it tomorrow?

Mother: No, you **may** not! You **must** do it today!

Daughter: But the movie starts at 1:30. We have to get there early if we want to get a good seat.

Mother: You **should have cleaned** your room in the morning.

娘：お母さん、パットと映画に行っていい？
母：部屋は掃除したの？
娘：まだ。明日にしていい？
母：だめよ！今日やりなさい！
娘：映画は１時半に始まるの。いい席を取るには、早めに行かなきゃならないの。
母：午前中に掃除をしておくべきだったわね。

Short Conversation 9

Jack: I visited London recently, and I found the differences between British English and American English to be quite interesting.

Betty: Yes, British and American pronunciation does differ quite a bit.

Jack: There are a number of differences in grammar as well. One example is collective nouns. The British would say "**The team are** playing in China." But, we Americans say "**The team is** playing in China."

Betty: The word river usually comes after the name in America, for example **the Colorado River**. But, for British rivers it comes before, like **the River Thames**.

ジャック：最近ロンドンを訪れて、イギリス英語とアメリカ英語の違いがとてもおもしろいことに気づいたよ。

ベティ：　そうね、イギリスとアメリカの発音はすごく違うね。

ジャック：文法もたくさん違いがあるしね。一例は集合名詞。イギリス人は"The team are playing in China."って言うけど、わたしたちアメリカ人は"The team is playing in China."だもんな。

ベティ：　riverっていう単語はたとえば the Colorado River のように、アメリカではふつう名前のあとに来るけど、イギリスの river は the River Thames のように前に来るね。

Short Conversation 10

Carl: How's **it** going with the house hunting?

Lewis: **It**'s hard. We've been looking at **one** house after **another**.

Carl: Are you going to buy **one** in the city?

Lewis: I don't think **so**. Houses in the suburbs are usually much cheaper.

カール：家探しはどう？
ルイス：大変だね。次から次へと見てる。
カール：市街地の物件を買うつもりかい？
ルイス：いいや。郊外の方がたいていは安いからね。

Short Conversation 11

Jessica: Terry invited me **to** a barbecue party **at** his house this coming Sunday. Would you like to go **with** me?

Denise: That sounds like fun. What time are you going to go **to** the party?

Jessica: It begins **at** eleven o'clock and it will last **until about** four. We can go to Terry's house **by** bus. That way we don't have to worry **about** drinking and driving.

Denise: Let's meet **around** 10:30 **at** the bus stop **in front of** the liquor store **on** Main Street.

Wine is **on sale** there **at** 20% off. We can pick **up** a couple **of** bottles **on our way**.

ジェシカ：テリーが今度の日曜日に彼の家のバーベキューパーティにわたしを招待してくれたの。一緒にどう？

デニス：　おもしろそうだね。何時にパーティに行く予定？

ジェシカ：11時に始まって、4時くらいまで続くかな。テリーの家まではバスで行ける。そうすれば飲酒運転の心配はいらないし。

デニス：　メイン・ストリートの酒屋の正面のバス停で10時半くらいに待ち合わせよう。その店、ワインが20％セール中。行く途中で2、3本買っていけるよ。

Short Conversation 12-1 ——形容詞に注目して

Tom:　　Isn't your son going to graduate in **a few** months?

Barbara:　Yes, he is, and I'm **anxious about** his chances of finding a **good** job. The **present** job market is not very **good**.

Tom:　　**A great many** businesses continue to suffer during the **current economic** downturn.

トム： 　　君の息子さん、数ケ月で卒業じゃなかった？
バーバラ：そうなの。いい仕事を見つけられるか心配してる。今の求人市場はあんまりよくないでしょ。
トム： 　　多くのビジネスが今の経済不況に苦しんでるよ。

Short Conversation 12-2──副詞に注目して

Mother: I thought you were going to go to a movie.
Son: I'm waiting for Ken. I called him two hours **ago** and told him to be here at six o'clock **sharp**. He's **always** late for appointments.
Mother: I've only met Ken **once before**, but I thought he was a very responsible young man.
Son: You **may well** say so, but that's because you **hardly** know him. He **often** makes other people wait.

母： あれ、映画に行くんじゃなかったの？
息子：ケンを待ってるんだ。2時間前に電話して、6時きっかりにここに来るように言ったんだよ。いつも約束に遅れるんだ。
母： 以前に1度だけケンに会ったことがあるけど、とても責任感のある青年だと思ったわ。
息子：そう言うのも無理ないね。でもほとんど知らないからだよ。よく人を待たせるんだ。

Short Conversation 13

Wife: We should start thinking about a name for our baby. **The sooner** we decide **the better**.

Husband: We still don't know the sex yet, so it would be **wiser** to choose both a boy's name and a girl's name.

Wife: According to an annual list of baby names, Jacob has been **the most popular** boy's name for **more than** ten years in a row.

Husband: Yes, but Cullen — the name of the lead character in the popular *Twilight* book series — is the name that has been rising up that list **the fastest**. I like Cullen **better than** Jacob.

妻：赤ちゃんの名前、そろそろ考え始めないと。決めるのは早いほどいいよ。

夫：でもまだ性別もわからないから、男の子と女の子の両方の名前を考えておいた方が賢明だね。

妻：例年の赤ちゃんの名前のリストによると、ジェイコブが10年以上連続で一番人気がある男の子の名前ね。

夫：うん、でも、人気シリーズ本『トワイライト』の主役の名前カレンが一番急上昇している名前だよ。ジェイコブよりカレンが好きだな。

Short Conversation 14

Carol: I'm **so** mad at Tony **that** I could scream.

Beth: What's wrong? You look **as though** you're going to explode.

Carol: We were supposed to **go and see** a new customer last night, **but** Tony went without me. I even cancelled a dinner reservation with my husband **so that** I **could** meet with that customer.

Beth: Talk to the boss, **and** you can get things straightened out.

キャロル：トニーにすごく頭きて、叫びたいくらい。

ベス：　　どうしたの？　いまにも爆発しそうね。

キャロル：昨夜、新しいお客さんに会うことになっていたの。でもトニーはわたし抜きで行った。そのお客さんに会うために、夫との食事の予約をキャンセルまでしたのに。

ベス：　　上司に言いなさい、そうすれば事態を正せるよ。

Short Conversation 15

Daughter: Have you seen my hoodie？

Mother: The one **that** you were wearing yesterday？

Daughter: No, not that one. The red one **which** has "I love London" on it. My old college roommate **whose** husband is British, and who now lives in London sent it to me for my birthday.

Mother: That one was in the washing machine.

娘：わたしのパーカー見なかった？

母：昨日着ていたやつ？

娘：ううん、それじゃなくて。"I love London"って書いてある赤のパーカー。誕生日に昔の大学のルームメイト、夫がイギリス人で、今はロンドンに住んでる彼女が誕生日に送ってくれたの。

母：それなら洗濯機のなかにあったけど。

Short Conversation 16

Father: This is the home **where** your grandfather was born. Your uncle lives here now. Do you remember **the times** we visited here when you were a little boy?

Son: I always liked **the way** it's surrounded by a garden. There are plants and flowers **wherever** you look.

Father: Your aunt's hobby is gardening. **That's why** it's so well maintained.

父： ここがおじいちゃんが生まれた家だよ。今はおじさんが住んでる。小さい頃来たのを覚えてるかい？

息子：庭の囲まれ方がいつも好きだった。どこを見ても植物や花があるね。
父：　おばさんの趣味がガーデニングなんだよ。だからよく手入れされているんだ。

Short Conversation 17

Emily:　Hi! I'm Emily. I just moved into the apartment down the hall. Since I haven't met you yet, I thought I'd introduce myself.

Miki:　Hi, Emily. My name is Miki. **Judging from** your accent, you must be from Australia. What do you think of Japan?

Emily:　**Being** new to the area, I haven't had the chance to explore much yet. But, **all things considered**, Japan seems very different from Australia. For example **having never experienced** a typhoon before, I was quite surprised yesterday. The rain came down in buckets.

エミリー：こんにちは、エミリーです。廊下をまっすぐ行ったところの部屋に引っ越してきました。まだお会いしていなかったので、自己紹介をしようと思いまして。
ミキ：　　こんにちは、エミリー。わたしはミキです。あなたのアクセントからすると、きっとオースト

ラリア出身ですね？日本はどうですか？

エミリー：来たばかりなので、探検する機会がまだあまりないんです。でもいろんなことを考えると、日本はオーストラリアとはずいぶん違うようです。たとえば台風なんて経験したことなかったから、昨日は驚きました。バケツをひっくりかえしたように降りましたね。

Short Conversation 18

Jason: What **would** you do if you **got** a job offer from another company?

John: Well, that depends. If they **offered** a better salary, better working conditions and a chance for advancement, I **might** take it.

Jason: But, **what if** it **would** mean that you **had** to move to a different country?

John: I think **it's time** you **told** me what's going on.

ジェイソン：別の会社からオファーが来たら、どうする？

ジョン：　　条件次第かな。今よりいい給料、労働条件、それに昇進のチャンスをくれるなら、受けるかも。

ジェイソン：でも、それで別の国に行くってなったらどうする？

ジョン：　　いったいどうなってるのか、そろそろ話を聞

こうじゃないか。

Short Conversation 19

Harry: I'm **not** happy with the way I look, especially my nose. I'm thinking of having cosmetic surgery.

Dan: People are **seldom** satisfied with their nose. It's either **not** long enough or **not** short enough.

Harry: I saw Tammy the other day. We **never** meet **without** her telling me about her nose job. She can**not** praise her plastic surgeon **enough**.

Dan: Well, I think surgery should be the last resort. It's **not necessarily** the best option, and it's **not exactly** cheap.

ハリー：自分の見た目が好きじゃなくて、とくに鼻が。美容整形手術を受けようか考えてるの。

ダン： みんなめったに鼻には満足してないよね。ちょうどいい高さじゃないって。

ハリー：こないだタミーに会ったの。会うと必ず彼女は鼻の手術の話になるの。形成外科手術を絶賛してる。

ダン： うん、外科手術は最後の手段だと思うけど。必ずしも最良の策ではないし、安いわけでもないよ。

Short Conversation 20

Terry: I'm **terribly** sorry to be late, but I lost my way. I **seldom** come downtown, and such changes have taken place in the past few years. Please forgive me.

Ryou: **Do** stop apologizing. I'm just glad that you could join me for dinner. Let's order some sake. **Some** like it hot, **others** cool. I myself prefer it at room temperature.

Terry: I'll leave it up to you. **Never in all my years have I been** to a Japanese restaurant. How did you find it?

Ryou: **It is** my wife **that** discovered it. She often comes here with her Japanese clients.

テリー：いや遅れて本当に申し訳ない。道に迷ったよ。めったに都心には来ないし、この数年でこんなに変わったんだね。勘弁してくれ。

リョウ：謝らなくていいよ。一緒に食事ができてうれしいよ。酒を注文しようか。熱燗が好きな人もいれば、冷の人もいる。僕は室温（常温）がいいけどね。

テリー：任せるよ。生まれてこのかた、日本食レストランには来たことないんだ。どうやって見つけたの？

リョウ：見つけたのは妻なんだ。彼女は日本人のクライアントとよく来るんだよ。

付録

Exercise 解答 & 解説

＊「　　」は和訳、（　　）内は解説です。

Exercise 1　解答＆解説

（1）He [S] runs [V] fast.「彼は早く走る」
（2）I [S] send [V] you [O] a letter [O].「わたしはあなたに手紙を送ります」
（3）They [S] drink [V] beer [O].「彼らはビールを飲みます」
（4）He [S] is [V] very handsome [C].「彼はハンサムです」
（5）I [S] think [V] myself [O] a good leader [C].「わたしは自分自身を良いリーダーだと思っている」
（6）He isn't a teacher, is he?（前が否定なので、isn't は is にして疑問文の順序に）
（7）She likes dogs, doesn't she?
（8）What a nice car he has!（car という名詞があるので '驚き' を表す what をつけます）
（9）Who drives a car?（「だれが」は who で、先頭に置きます。drives と s がつきます）
（10）What do you have?（a camera は what になり先頭に出ます）

Exercise 2　解答＆解説

（1）watch（3人称単数）　_watches_
（2）stop（ing 形）　_stopping_
（3）lie（ing 形）　_lying_
（4）think（過去形）　_thought_
（5）begin（過去形）　_began_
（6）find（過去形）　_found_
（7）go（過去形）　_went_

（8）were playing（「〜していた」という「過去の真っ最中」なので過去進行形）／ came（「帰った」という過去の動作なので過去形）

（9）studies（「いつものこと」なので現在形）

（10）is sleeping（「今、寝ている真っ最中」なので現在進行形）

Exercise 3　解答＆解説

（1）Will you turn on the TV?（相手の意志をその場で決めてもらうわけです）

（2）My sister is going to be a lawyer.（将来に向けて意志があります）

（3）I'll run a fever.（「寒気」という兆候があります）

（4）I'm vacationing in Europe next month.（すでに準備が進んでいます）

（5）Shall I open the window?（相手の意志を聞きます）

Exercise 4　解答＆解説

Lesson 4 に出ている例文を参照のこと。

Exercise 5　解答＆解説

（1）A new hotel (is) (being) (built).（進行形受動態は「be+ing+過去分詞」）

（2）The story (has) (been) (believed) by people for a long time.（「信じられてきた」は時の幅があるので現在完了。現在完了受動態は have / has+been+ 過去分詞）

（3）We (were) (surprised) (at) the news.（「感情」は英語では受動態）

（4）I (had) my computer (repaired).（「コンピュータが修理される」ので過去分詞です）

（5）This is the hot spring (discovered) by a famous writer.（「発見された」、「〜された」は過去分詞です。by 以下があるので名詞の後ろに置きます）
（6）We sat (talking) for a long time.（sit +分詞で動作をプラスできます）
（7）Please keep a light (burning).（keep + O +現在分詞で「Oが〜する状態を keep する」です）
（8）I (heard) the dog (barking).（「〜ている」なので現在分詞にします）

Exercise 6　解答
（1）I don't know (when to start).
（2）I want (something to eat).
（3）She (asked me to make) a speech.
（4）They (seem to worry) about the weather.
（5）It was an honor (for him to meet) the Prime Minister.
（6）The singer left by the back door (not to be seen) by the reporters.
（7）Those two are rumored (to have been) lovers for years.
（8）The Prime Minister (is to visit) Africa next month.

Exercise 7　解答＆解説
（1）to succeed（未来志向の expect は to）
（2）smoking（mind は動名詞）
（3）to turn（「忘れずに〜する」は to）
（4）painting（要求や必要などのあとは動名詞）
（5）seeing（前置詞 to のあとは動名詞）
（6）My hobby (is) (collecting) stuffed toys.（「集めること」とい

う動名詞が is の右側の C になります）
（7）(Seeing) is (believing).（「見ること」＝「信じること」）
（8）There is a possibility of (her) (helping) us.（動名詞の S は、代名詞の場合は所有格か目的格を動名詞の前に置きます）
（9）I am ashamed of (having) (been) scolded by my boss.（「叱られた」のは「恥じている」より前のことなので having + 過去分詞になります）
（10）I'm sorry for (your) (not) (having) come with us.（動名詞の S your、否定の not はいずれも動名詞の前に置きます。ここでも時がズレていますから having + 過去分詞になります）

Exercise 8　解答＆解説

（1）Computers (can) do a lot of things.（能力）
（2）You (may) be tired.（推量）
（3）You (must) not go.（禁止）
（4）In those days I (would) often go to hot springs.（過去の反復）
（5）I (would) (like) (to) send this book to Japan.（丁寧な表現）
（6）I (must) (have) (been) asleep.（過去の断定）
（7）You (need) not (have) (visited) him.（過去の必要）
（8）We (wil) (be) (able) (to) watch movies online.（未来の能力）
（9）We (had) (to) obey his order.（過去の必要性）
（10）You (had) (better) review this lesson.（助言）

Exercise 9　解答＆解説

（1）The police (are) looking into the matter.「警察はその事件を調べている」
（2）We use gestures as (a means) of commu-nication.「わたしたちはコミュニケーションの手段としてジェスチャーを使う」

（3）She has many (clothes).「彼女はたくさんの服を持っている」

（4）Jason took off his (glasses).「ジェイソンはメガネをはずした」

（5）You have to change (trains) here.「ここで電車を乗り換えなければいけません」

（6）A (five minutes') walk brought me to my school.「5分で学校に着いた」

（7）Is anything (the matter) with your bike?「バイク、どうかしましたか？」

（8）I met him (an) hour ago.「一時間前に彼に会った」

（9）We should respect (the old).「お年寄りに敬意を払うべきです」

（10）She kissed the baby on (the) face.「彼女は赤ちゃんの顔にキスをした」

Exercise 10　解答＆解説

（1）(It) is warm in Arizona even in winter.（時間・距離・天候の it です）

（2）That child went to Korea (by) himself.（by ~self で「独力で」の意味です）

（3）Players (such) as Mao are rare.（具体例を出す such as です）

（4）I don't think (so).（日本語の「そう」と同じです）

（5）I have the (same) computer as you have.（「〜と同じ…」は the same ~ as のセットです）

（6）(Both) of us agreed with him.（「両方」は both です）

（7）One of my two dogs is a beagle, and the (other) is a golden retriever.（2つのうちの一方は the other、the を忘れないように）

（8）Would you like (another) glass of wine?（「おかわり」の another です）

（9）All he needs (is) money.（all he needs をひとくくりにして単数扱いします）

（10）(Each) student has her own desk.（「それぞれ」は each です）

Exercise 11　解答

（1）I have a doctor's appointment (at) ten o'clock (in) the morning.

（2）Let's go (for) a walk (during) lunch time.

（3）That restaurant is open (from) 7 p.m. (until / to) 12 a.m.

（4）Should we go (to) the airport (by) taxi?

（5）She wants to find a job (as) an English teacher (in) China.

（6）There's an expensive picture (on) the wall.

（7）What's the matter (with) you?

Exercise 12　解答＆解説

（1）I don't use (much) butter in this recipe. Only (a little).（butter は数えられません）

（2）Would you like (some) of this cake?（疑問文ですが、「勧め」です）

（3）There are two (similar) houses.（alike は C のところに、名詞の前に来るのは similar です）

（4）I'm full. I can't eat (any) more.（否定文で any が使われると「少しも〜でない」となります）

（5）There were quite (a few) spelling errors in your report.（error は数えられます）

（6）I arrived (late) for the interview.（「遅れて」は late）

（7）I have not seen him (lately).（「最近」は lately）

（8）You may (well) say so.（may well で「〜するのも無理はない」となります）

Exercise 13　解答＆解説

（1）hot　　hotter　　hottest
（2）dry　　drier　　driest
（3）good　　better　　best
（4）bad　　worse　　worst
（5）little　　less　　least
（6）youngest（young の最上級は est をつけます）
（7）worse, worse（bad の比較級は worse です）
（8）The more（the + 比較級で比例関係です）
（9）to（than ではなく、to が「〜より」という意味になります）
（10）that（climate を代名詞にして入れます）

Exercise 14　解答＆解説

（1）That is (not) a natural disaster (but) a man-made one.（「A ではなく B」という切り返しの表現です）

（2）It is necessary to master (not) (only) English (but) (also) Spanish.（「A だけではなく B も」は not only A but also B です）

（3）(Neither) she (nor) I knew about that accident.（Neither A nor B で「A も B も〜でない」という否定になります）

（4）Let's wait (till/until) they come.（「〜まで」。は til / until です）

（5）We kept quiet (so) (that) our daughter (could) concentrate on her study.（「〜が…するように」という目的です。can / could が入ります）

（6）He is (so) tall (that) he can touch the ceiling.（「とても～なので」。形容詞だけですから so を使います）
（7）She is (such) a diligent woman (that) she is trusted by her boss.（「とても～な…なので」。名詞 woman がついているので such です）

Exercise 15　解答＆解説
（1）（who）　　（先行詞は「人」で主格）
（2）（whom / who）（先行詞は「人」で目的格）
（3）（which）　（先行詞は「人以外」で主格）
（4）（which）　（先行詞は「人以外」で目的格）
（5）（whose）　（所有格）
（6）（that）　　（先行詞に最上級がついていますので、that を）
（7）（to）（whom）（listen to の to が前につきます）
（8）（what）　　（「もの・こと」の what です）

Exercise 16　解答＆解説
（1）where（the building は場所です）
（2）when（the time は時です。ここでは省略可能です）
（3）why（理由を述べる決まった言い方 That / This is why S+V です）
（4）way（how / the way S+V で S が V する方法です）
（5）Whoever（「だれでも」）
（6）whichever（「どれでも」）
（7）whatever（「なんでも」）
（8）Wherever（「どこにいようとも」）
（9）whenever（「いつでも」）
（10）how（No matter how 副詞 / 形容詞で「どんなに～でも」）

Exercise 17 解答＆解説

(1)「明るく笑いながら、彼は手を差し伸べた」（もっともよく使われる「ながら」です）

(2)「不安そうに歩きながら、彼女は試験結果が掲示されるのを待った」（「ながら」です）

(3)「雷が家を襲い、家に火がついた」（「ながら」と近いですが、and の感じです）

(4)「公園を散歩していたとき、自分の名前が呼ばれるのを聞いた」（when の意味です）

(5)「音にびっくりしたので、彼女は警察を呼んだ」（as / since といった理由の意味です）

Exercise 18 解答＆解説

(1) B) hadn't saved
「[あのとき] お金を貯めていなかったら、休暇を取れなかっただろう」

(2) B) won
「100 万ドル当たれば、退職できるのになあ」

(3) D) wouldn't have
「あなたがギャンブルに全財産つぎこまなかったら、週末中、家にいなくてもよかっただろうに」

(4) A) were able
「彼を訪ねることさえできれば、すべてを説明できるのに」

(5) D) would have had
「あなたの寄付がなかったら、ホームレスのシェルターを閉鎖しなければならなかっただろう」

213

Exercise 19　解答＆解説

（1）「お金がまったくない」（no は「まったく～でない」となります）

（2）「それはむずかしい仕事などではない」（反対に「易しい」という意味になります）

（3）「わたしが来たとき、だれも残っていなかった」（none 一語で完全な否定になります）

（4）「両方の記事を読んだわけではない」（not + 100% 語です）

（5）「老人が必ずしも虚弱とはかぎらない」（not + 100% 語です）

（6）「社長はほとんどわたしのことを知らない」(scarcely 一語で「ほとんど～でない」になります)

（7）「彼らは会えば必ずこどもの話をする」（二重否定は強い肯定になります）

（8）「彼女は勉強に関してアドバイスしてくれるような人ではけっしてない」（「最後の人」とはもっとも可能性がないわけです）

（9）「祖父は歳を取り過ぎて運転できないと思う」（too ～ to…は非常によく使われる表現で、「～すぎて…できない」となります）

（10）「わたしのプレゼンは成功とはほど遠いものだった」（「～からほど遠い」という否定です）

Exercise 20　解答＆解説

（1）「ただ一点、あなたに賛成しない」（Only が強調され、do I agree のように do を使った入れ替えが起こっています）

（2）「彼女が行かないなら、私も行きません」（否定の繰り返しに使う neither のうしろも do I という入れ替えが起こっています）

（3）「妻はサッカーファンで、わたしもです」（肯定の繰り返しは so am I, so do I などです）
（4）「彼女には会ったことはないし、彼女について聞いたこともない」（nor も否定文の繰り返しです）
（5）「公園でジェイソンに会ったのは、昨日です」（It was と that にはさまれた yesterday が強調されます）
（6）「おしゃべりをやめなさい」（Do は stop を強調する助動詞です）
（7）「まさに今日この日、彼は火星へと旅立ちます」（very は day を強調します）
（8）「わたしはその結果にまったく満足していない」（not ~ at all で「まったく～ない」です）
（9）「ビールが好きな人もいれば、酒が好きな人もいます」（others の後に like が省略されています）
（10）「ミラー氏は困っているようだ」（「ようだ」を表す it seems が入り込んでいます）

◆著者紹介◆

内田雅克（うちだ・まさかつ）
1957年、東京都生まれ。早稲田大学卒、東京大学大学院・横浜国立大学大学院修了。教育学博士。早稲田大学高等学院教諭を経て現在、東北芸術工科大学教授。専攻は英語教育・ジェンダー史。著書に『大日本帝国の「少年」と「男性性」』（明石書店、2010年）、『忘れてしまった高校の英語を復習する本　カラー版』（中経出版、2012年）など。翻訳に『日本人の男らしさ』（明石書店、2013年）など。

Randy Nelms（ランディ・ネルムス）
1957年、アメリカ合衆国コロラド州デンバー市生まれ。コロラド州立大学卒。理学士。デンバー大学大学院法学部修了。法務博士（専門職）。専攻は数学、教育。東北芸術工科大学非常勤講師。

BEGIN
もういちど㊥語を勉強してキャリアに㊗かそう
実践基礎英文法

2016年4月30日　　初版第1刷発行
2018年8月30日　　初版第2刷発行

著　者　内田雅克／Randy Nelms
発行者　森　信久
発行所　株式会社　松柏社
　　　　〒102-0072　東京都千代田区飯田橋1-6-1
　　　　電話 03 (3230) 4813
　　　　電送 03 (3230) 4857
　　　　http://www.shohakusha.com
本文レイアウト組版　美研プリンティング株式会社
印刷・製本　倉敷印刷株式会社
装　幀　常松靖史［TUNE］

Copyright © 2016 by Masakatsu Uchida & Randy Nelms
ISBN978-4-7754-0234-4
Printed in Japan

JPCA 本書は日本出版著作権協会（JPCA）が委託管理する著作物です。
複写（コピー）・複製、その他著作物の利用については、事前にJPCA（電話03-3812-9424、e-mail:info@e-jpca.com）の許諾を得て下さい。なお、
日本出版著作権協会　無断でコピー・スキャン・デジタル化等の複製をすることは著作権法上
http://www.e-jpca.com/　の例外を除き、著作権法違反となります。